LES ARBRES

ROGER PHILLIPS

LES ARBRES

SOLAR

Cet ouvrage, dont le titre original est
TREES IN BRITAIN,
EUROPE AND NORTH AMERICA,
a été traduit par
Odile Ricklin
et supervisé par *Hubert Gillet*
et *Arlette Plu*

ISBN édition originale 0-330-25480-4
ISBN édition française 2-263-00564-1

Sommaire

Introduction

Lorsque j'ai réalisé mon livre sur les fleurs sauvages, je me suis rendu compte que les plantes qui m'intéressaient et m'intriguaient le plus étaient les arbres. Ce qui me manquait personnellement, c'était un moyen simple d'identifier un arbre avec précision. Les excellents ouvrages sur la question n'offrant pas cette possibilité aux gens dépourvus comme moi de formation académique, j'ai donc entrepris de réaliser ce livre, à commencer par un index de feuilles. Traditionnellement, tout ouvrage traitant des arbres s'ouvre sur une classification des feuilles d'après leur forme, mais mon innovation en ce domaine consiste à avoir exposé visuellement ce qu'ils décrivent dans le langage extrêmement précis, spécialisé, et donc souvent inaccessible au profane, des botanistes. Au vu d'une feuille donnée, le lecteur amateur n'aura plus à déterminer si elle est oblongue ou oblongue-lancéolée ; il lui suffira de feuilleter les premières pages de ce livre jusqu'à ce qu'il ait découvert la feuille recherchée, après quoi il n'aura plus qu'à se reporter à la page indiquée pour obtenir plus de détails sur l'arbre correspondant. J'ai ainsi répertorié quelque 500 arbres parmi les plus courants et les plus importants de nos régions de climat tempéré, mais il est tout à fait évident que cette liste n'est pas exhaustive. Il se peut que le lecteur ne découvre pas reproduite la feuille qu'il cherche à identifier, ce qui signifiera qu'il s'agit d'une espèce ou d'une variété d'arbre que je n'ai pu faire figurer dans cet ouvrage. Si j'ai abusivement baptisé « index » la rubrique qui devrait figurer sous le titre de « classification », c'est précisément parce qu'il suffit ici au lecteur de tourner les pages comme celles d'un index pour découvrir la feuille qui coïncide avec celle qu'il désire identifier. A chacune des rubriques traitant des principaux arbres, le lecteur trouvera une photographie des fleurs, une autre des fruits, ainsi qu'un dessin du port de l'arbre adulte. Ce procédé, outre qu'il écarte toute possibilité de contradiction entre les généralités et l'information donnée article par article, m'a permis de montrer divers aspects des arbres que la photographie n'avait pas encore illustrés jusqu'ici.

Comment utiliser cet ouvrage

Le livre se compose de deux parties, d'abord les cinquante pages de l'index des feuilles suivies du descriptif détaillé des arbres, ordonné selon l'ordre alphabétique des noms scientifiques.

Index des feuilles

512 échantillons de feuilles ont été groupés selon leur forme.

10-23 : Les conifères
- 10-11 : Feuilles en écaille (dont les cyprès).
- 11-12 : Feuilles en aiguille autour du rameau (dont les genévriers).
- 13-18 : Feuilles en aiguille sur deux rangées : sapins, tsugas, épicéas, etc.
- 19-20 : Feuilles en aiguille groupées par 2 : pins.
- 21 : Feuilles en aiguille groupées par 3 : pins.
- 21-22 : Feuilles en aiguille groupées par 5 : pins.
- 23 : Feuilles en aiguille groupées par plus de 5 : cèdres et mélèzes.

24-49 : Les feuilles larges (simples)
- 24-42 : Feuilles étroites (saules) à larges (magnolias, prunus), et en forme de cœur (tilleuls).
- 43-47 : Palmatilobées (dont les érables).
- 47-49 : Pennatilobées (dont les chênes).

50-59 : Feuilles larges (composées)
- 50 : A 3 folioles.
- 51-52 : Palmées : marronniers.
- 53-58 : Pennées (dont les frênes).
- 59 : Bipennées.

Pour chaque feuille sont indiqués : le nom commun (quand il existe), le nom scientifique et la page renvoyant au descriptif. Toutes ont été photographiées entre la mi-juillet et la mi-août. Les photographies ne pouvant figurer en grandeur réelle, sachez que le diamètre du cercle figurant en bas de chaque page représente 1 cm.
Pour identifier un arbre que vous avez découvert dans un bois, une rue ou un parc, comparez-en grossièrement la feuille avec celles figurant dans les pages de l'index pour déterminer auxquelles la vôtre ressemble le plus avant de comparer en détail la forme, la hauteur, l'environnement, les fleurs, les fruits et l'écorce de l'arbre.
N'oubliez pas, enfin, qu'une feuille peut changer de taille, de couleur, au fil des mois, ni que les feuilles des rejets sont beaucoup plus grosses que celles des branches principales.

Photographies du texte

Dans la majorité des cas, la photo de gauche représente la fleur, celle de droite, le fruit. Dans le cas où l'un ou l'autre était inintéressant ou insignifiant, nous avons choisi de montrer à la place un détail de l'écorce. Notez que la photo de la fleur comporte également celle de la feuille au printemps, et que celle du fruit vous permettra de connaître l'allure de cette même feuille à l'automne. Enfin, aux pages 76, 77, 188 et 189, vous trouverez photographiées quelques feuilles automnales et, aux pages 216-220, quelques échantillons d'écorces d'arbres.

Dessins

John White, de la « Foresty Commission », a dessiné le plus simplement possible chacun des arbres pour vous indiquer s'il s'agit d'un arbre : à feuilles persistantes (feuillage représenté au complet), à feuilles semi-persistantes (branches partiellement recouvertes), à feuilles caduques (branches dénudées). Le principal but de ces silhouettes est de vous donner des indications sur la forme de l'arbre adulte. Quant aux dessins ci-dessous, ils sont destinés à vous rappeler à quel point, selon l'âge et la situation de l'arbre, sa taille peut varier.

Le pin sylvestre *(Pinus sylvestris)*. A gauche un vieil arbre, au centre un arbre parvenu à maturité, à droite un jeune spécimen.

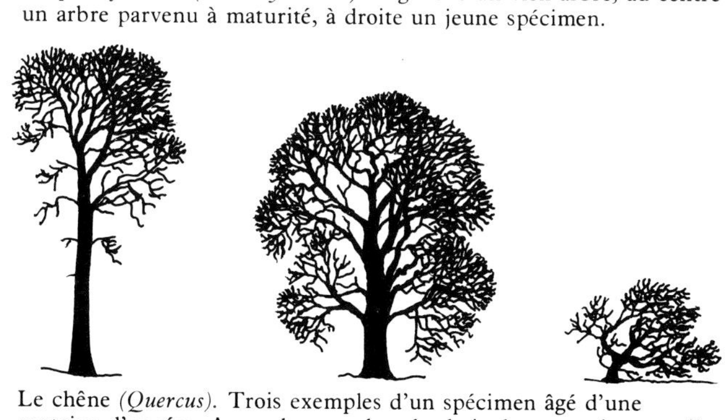

Le chêne *(Quercus)*. Trois exemples d'un spécimen âgé d'une centaine d'années. A gauche un arbre des bois, haut et mince car il lutte pour avoir de la lumière, au centre un arbre isolé mais protégé du vent, à droite un spécimen qui a été au contraire exposé à un vent violent.

Nom de famille

Le nom de famille est spécifié après le nom scientifique du premier membre d'un genre. Dans le cas où le genre est plus important, on a fait précéder le texte détaillé d'une courte description générale.

Noms communs

Les noms communs, ou vernaculaires, des arbres ont été extraits, pour la traduction française, des ouvrages *les Arbres* (Solar), *le Bon Jardinier* (La Maison rustique), *Flore complète de France, Suisse et Belgique* (G. Bonnier et R. Douin), *Conifères* (V. Chaudin), *les Conifères* (Pardé), *les Feuillus* (Pardé).

Noms scientifiques

Les noms scientifiques, en latin, sont inscrits en italique. Dans les cas où les ouvrages de référence faisaient état d'un changement récent de ce nom ou qu'il semble qu'il y ait controverse quant au nom correct qui devrait être attribué à l'arbre, j'ai ajouté un synonyme. Le nom scientifique est suivi des initiales, du groupe d'initiales ou du nom abrégé du botaniste qui a décrit et nommé l'arbre.

Origine

Les détails concernant le pays d'origine de l'arbre figurent en début de texte.

Hauteur

La hauteur indiquée se réfère à celle d'un spécimen normal adulte. Lorsqu'on veut faire des comparaisons, il convient de tenir compte des facteurs qui déterminent sa croissance : son âge, la qualité du sol, le fait qu'il est ou non exposé au vent, l'altitude ou encore le fait qu'il ait ou non à croître en hauteur pour se procurer la lumière indispensable (dans un bois, par exemple).

Epoque de floraison

Les dates auxquelles un arbre est censé fleurir varient selon que l'on se trouve au nord ou au sud de l'aire de l'espèce. Les périodes indiquées ici représentent donc seulement des moyennes.

Epoque de fructification

Les indications données sont encore moins précises dans la mesure où le fruit se forme, mûrit, puis reste encore parfois un certain temps sur l'arbre : les cônes de certains pins, par exemple, y demeurent plusieurs années.

Echelle

Si l'index comporte une échelle de référence il convient, en ce qui concerne les photographies des diverses rubriques, de se reporter aux dimensions indiquées dans le texte, en centimètres.

Photographies

Les photos de l'index des feuilles ont été prises avec un appareil De Vere, équipé de films format 5 × 4, lumière du jour, Ektachrome E6 et d'un objectif de 210 mm avec une ouverture de f. 64. Les petites photos du texte — à savoir celles sur fond uni — ont été prises en studio avec un Pentax 6 × 7 cm équipé d'objectifs pour gros plans avec une ouverture de f. 22, du film Kodak E.P. format 6 × 6 (traitement E3) ou E.P.R. format 6 × 6 (traitement E6). Les photographies d'écorces ont été prises avec un Nikkormat et du film E.P.D. 135. En studio, la lumière était fournie par un système de projecteurs d'une puissance maximale de 13 000 joules.

Glossaire

A feuilles caduques (arbre) : Qui perd ses feuilles chaque année.
A feuilles persistantes (arbre) : Qui conserve son feuillage toute l'année.
A feuilles semi-persistantes (arbre) : Qui perd une partie de ses feuilles à l'automne mais en conserve une partie jusqu'à ce que de nouvelles se forment au printemps.
Alternes (feuilles) : Disposées successivement de part et d'autre le long de la tige ou de la branche, ni OPPOSEES ni en VERTICILLES.
Amande : Se dit de la graine quand elle est contenue dans une coque dure.
Annuelle (plante) : Qui accomplit son cycle vital en une année.
Anthère : Partie terminale de l'ETAMINE qui produit le POLLEN.
Arbre : Végétal élevé à un seul tronc ligneux (plus de 4,50 m en général).
Arbuste : Plante ligneuse à nombreuses branches, plus petite qu'un ARBRE (moins de 4,50 m en général).
Baie : Fruit charnu contenant généralement plusieurs graines.
Bipennée (feuille) : Qui a des divisions deux fois divisées.
Bractée : Feuille ou feuille modifiée, située à l'aisselle du pédoncule d'une fleur.
Capsule : Fruit sec fait de plusieurs CARPELLES, qui s'ouvre pour libérer ses graines.
Carpelle : Feuille modifiée ; un ou plusieurs constituent les parties femelles de la plante.
Chaton : Epi pendant de petites fleurs généralement de petite taille.
Chimère : Plante formée par la croissance conjointe de deux individus d'espèces ou de variétés différentes étroitement soudés. Hybride végétatif.
Clone : Groupe de plantes identiques dérivées de la reproduction asexuée d'une plante
Composé : Constitué de plusieurs parties, par exemple, une feuille : constituée de plusieurs FOLIOLES.
Conifère : Qui porte des cônes.
Coque : Enveloppe sèche et mince de certains fruits (ou graines).
Cultivar : Plante cultivée distincte des sujets non cultivés dans toutes ses caractéristiques et qui conserve ces distinctions lorsqu'elle se reproduit.
Elaguer : Supprimer tout ou partie des branches d'un arbre pour encourager la pousse de jeunes rameaux (pour alignements, haies, etc.).
Entières : En référence aux marges des feuilles signifie ni lobées ni dentées.
Foliole : Chacune des divisions d'une feuille COMPOSEE.
Glabre : Dépourvu de poils.
Hermaphrodite : Pourvu des deux sexes (OVAIRE et ETAMINES).
Hybride : Plante résultant de la fécondation d'une espèce par une autre.
Hybride végétatif : voir CHIMERE.
Lenticelle : Ouverture saillante disposée sur la surface de l'écorce des branches ou des tiges, sorte de pore qui permet à l'air d'atteindre les tissus sous-jacents.
Noix : Fruit sec à enveloppe dure.
Noyau : Partie centrale dure des fruits charnus.
Opposées (feuilles) : Qui prennent naissance à la même hauteur en face l'une de l'autre sur la tige ou le rameau.
Ovaire : Partie de la fleur qui contient les OVULES.
Ovules : Parties femelles qui, par fécondation, donnent les graines.
Palmé : Dont les lobes ou les folioles se réunissent en un centre commun représentant la paume de la main.
Panicule : Inflorescence de forme pyramidale.
Pennée (feuille) : COMPOSEE aux folioles disposées de chaque côté de l'axe imitant une plume.
Pistil : Ensemble des parties femelles d'une fleur.
Pollen : Poudre fécondante (cellules mâles) qui se forme dans les ANTHERES.
Pubescent : Couvert de poils courts, fins et mous.
Réceptacle : Partie élargie d'une tige portant les diverses parties de la fleur. Pour certains types de plantes, partie charnue qui entoure les OVAIRES.
Rejet ou rejeton : Pousse qui naît à la base de la tige, qu'on peut éventuellement séparer pour multiplier la plante.
Rustique (plante) : Capable de résister au froid.
Sessile : Non petiolé.
Simple : Qui n'est pas composé.
Verticilles (en) : Disposition des feuilles ou des fleurs insérées au même niveau.

Abréviations utilisées dans le texte

cv.	cultivar
var.	variété
×	hybride sexuel
+	hybride végétatif ou hybride bi-générique
cad.	caduc
fl.	fleur
fll.	feuille
fr.	fruit
persist.	persistant

Libocèdre
Calocedrus decurrens
(p. 92)

Cyprès de Lawson
Chamaecyparis lawsoniana
(p. 101)

Cyprès de Nootka
Chamaecyparis nootkatensis
(p. 101)

Hinoki
Chamaecyparis obtusa
(p. 101)

Sawara
Chamaecyparis pisifera
(p. 102)

Chamaecyparis thyoides
(p. 102)

Thuya du Canada, Cèdre blanc
Thuja occidentalis
(p. 205)

Thuya de Chine
Thuja orientalis
(p. 205)

Thuya géant
Thuja plicata
(p. 206)

Thuya du Japon
Thuja standishii
(p. 206)

Cyprès de Leyland
× *Cupressocyparis leylandii*
(p. 110)

Hiba
Thujopsis dolabrata
(p. 206)

Cèdre du Chili
Austrocedrus chilensis
(p. 88)

Alerge
Fitzroya cupressoides
(p. 118)

Cyprès d'Italie
Cupressus sempervirens (p. 111)

Cupressus glabra
(p. 110)

Cyprès de Monterey,
Cyprès de Lambert
Cupressus macrocarpa (p. 111)

Cyprès d'Arizona
Cupressus arizonica
(p. 110)

Athrotaxis laxifolia (p. 87)

Athrotaxis cupressoides (p. 87)

Athrotaxis selaginoides (p. 87)

Cryptoméria du Japon
Cryptomeria japonica (p. 109)

Taiwania cryptomerioides (p. 203)

Séquoia géant
Sequoiadendron giganteum (p. 197)

Genévrier chinois
Juniperus chinensis (p. 125)

Genévrier commun
Juniperus communis (p. 126)

Genévrier de Syrie
Juniperus drupacea (p. 126)

Genévrier du Mexique
Juniperus flaccida (p. 126)

Juniperus monosperma (p. 126)

Genévrier de l'Himalaya
Juniperus recurva
(p. 127)

Juniperus rigida (p. 127)

Genévrier de Virginie,
Cèdre de Virginie
Genévrier rouge d'Amérique,
Juniperus virginiana (p. 127)

Araucaria du Chili, Désespoir des singes
Araucaria araucana (p. 85)

Muscadier de Californie
Torreya californica (p. 209)

Muscadier du Japon
Torreya nucifera (p. 209)

Cunninghamia lanceolata (p. 109)

Cephalotaxus fortunei (p. 99)

Cephalotaxus harringtonia (p. 100)

Cephalotaxus harringtonia var. *drupacea* (p. 100)

Séquoia toujours vert
Sequoia sempervirens (p. 196)

Métaséquoia
Metasequoia glyptostroboides (p. 140)

Cyprès chauve, Cyprès de la Louisiane
Taxodium distichum (p. 203)

Podocarpus andinus (p. 165)

Saxegothaea conspicua (p. 196)

If commun
Taxus baccata (p. 204)

If d'Irlande
Taxus baccata
cv. 'Fastigiata
Aureomarginata' (p. 204)

If du Pacifique
Taxus brevifolia (p. 204)

If de Chine
Taxus celebica (p. 204)

If du Japon
Taxus cuspidata (p. 204)

Tsuga du Canada,
Pruche de l'Est
Tsuga canadensis (p. 209)

Tsuga de Caroline
Tsuga caroliniana (p. 210)

Tsuga de Chine
Tsuga chinensis (p. 210)

Tsuga diversifolia (p. 210)

Pruche de l'Ouest
Tsuga heterophylla (p. 211)

Tsuga mertensiana (p. 211)

Tsuga sieboldii (p. 211)

Sapin commun,
Sapin pectiné,
Sapin des Vosges
Abies alba (p. 60)

Abies amabilis (p. 60)

Abies bracteata (p. 60)

Sapin de Céphalonie
Abies cephalonica (p. 61)

Sapin blanc du Colorado
Abies concolor (p. 61)

Abies delavayi var. *georgei* (p. 61)

Sapin du Japon
Abies firma (p. 62)

Sapin de Vancouver
Abies grandis (p. 62)

Sapin de Nikko
Abies homolepis (p. 62)

Sapin de Lobb
Abies lasiocarpa (p. 63)

Sapin rouge de Californie
Abies magnifica (p. 63)

Sapin de Nordmann,
Sapin du Caucase
Abies nordmanniana (p. 64)

Sapin de Numidie
Abies numidica (p. 64)

Sapin noble
Abies procera (p. 64)

Sapin de Veitch
Abies veitchii (p. 65)

Douglas bleu
Pseudotsuga menziesii var. *glauca*
(p. 178)

Douglas à gros fruits
Pseudotsuga macrocarpa (p. 177)

Douglas vert,
Sapin de l'Oregon
Sapin de Douglas
Pseudotsuga menziesii (p. 177)

Epicéa commun,
Sapin rouge,
Sapin de Norvège
Picea abies (p. 145)

Picea asperata (p. 145)

Epicéa de Chine
Picea brachytyla (p. 145)

Epicéa de l'Arizona
Picea engelmannii glauca (p. 146)

Sapinette blanche,
Epinette blanche
Picea glauca (p. 146)

Epicea de Koyama
Picea koyamai (p. 147)

Picea breweriana (p. 146)

Epicéa du Hondo
Picea jezoensis
var. *hondoensis* (p. 147)

Picea likiangensis (p. 147)

Sapinette noire,
Epinette noire
Picea mariana (p. 148)

Epicéa de Sibérie
Picea obovata (p. 148)

Epicéa de Serbie
Picea omorika (p. 148)

Sapinette d'Orient
Picea orientalis (p. 149)

Epicéa à queue de tigre
Picea polita (p. 149)

Epicéa du Colorado
Picea pungens (p. 149)

Epicéa bleu
Picea pungens glauca (p. 150)

Sapinette ou épinette rouge
Picea rubens (p. 150)

Epicéa de Sitka
Picea sitchensis (p. 150)

Epicéa de l'Himalaya
Picea smithiana (p. 151)

Picea spinulosa (p. 151)

Epicéa de la Chine
Picea wilsonii (p. 151)

Sapin parasol
Sciadopitys verticillata (p. 196)

Pin de Banks
Pinus banksiana (p. 154)

Pin de Murray
Pinus contorta (p. 155)

Pinus contorta
var. *latifolia* (p. 155)

Pin d'Alep,
Pin de Jérusalem
Pinus halepensis (p. 156)

Pin de Bosnie
Pinus heldreichii
var. *leucodermis* (p. 157)

Pinus muricata (p. 158)

Pin noir d'Autriche
Pinus nigra (p. 158)

Pinus nigra var. *caramanica* (p. 159)

Pin laricio de Corse
Pinus nigra var. *maritima* (p. 159)

Pin maritime,
Pin des Landes
Pinus pinaster (p. 160)

Pin pinier,
Pin pignon,
Pin parasol
Pinus pinea (p. 160)

Pin rouge,
Pin à résine
Pinus resinosa (p. 161)

Pin de Chine
Pinus tabuliformis (p. 163)

Pin sylvestre
Pinus sylvestris (p. 162)

Pin noir du Japon,
Pin de Thunberg
Pinus thunbergii (p. 163)

Pin à crochets,
Pin de montagne
Pinus uncinata (p. 163)

Pin de Virginie
Pinus virginiana (p. 164)

Pinus attenuata (p. 153)

Pin Napoléon
Pinus bungeana (p. 154)

Pinus coulteri (p. 156)

Pinus cembroides (p. 155)

Pin de Jeffrey
Pinus jeffreyi (p. 157)

Pin à bois lourd
Pinus ponderosa (p. 161)

Pin de Monterey
Pinus radiata (p. 161)

Pin dur
Pinus rigida (p. 162)

Pinus albicaulis (p. 152)

Pinus aristata (p. 152)

PINS A AIGUILLES GROUPEES PAR CINQ

Pinus armandii (p. 153)

Pin du Mexique
Pinus ayacahuite (p. 153)

Pin cembro, Arolle, Alvier
Pinus cembra (p. 154)

Pinus flexilis (p. 156)

Pinus × *holfordiana* (p. 157)

Pinus monticola (p. 158)

Pin de Macédoine
Pinus parviflora (p. 159)

Pin de Macédoine
Pinus peuce (p. 160)

Pin de Weymouth, Pin du Lord, Pin blanc du Canada
Pinus strobus (p. 162)

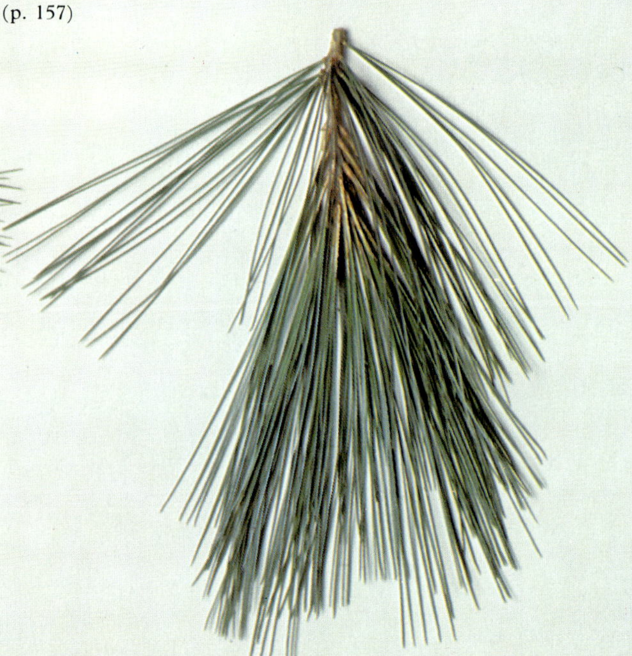

Pin de l'Himalaya
Pinus wallichiana (p. 164)

Cèdre de l'Atlas,
Cèdre d'Algérie
Cedrus atlantica (p. 97)
Cèdre bleu
Cedrus atlantica var. *glauca* (p. 97)
Cèdre de Chypre
Cedrus libani
var. *brevifolia* (p. 98)
Cèdre de l'Himalaya,
Cèdre déodar
Cedrus deodara (p. 97)
Cèdre du Liban
Cedrus libani (p. 98)
Mélèze d'Europe,
Mélèze commun
Larix decidua (p. 129)
Mélèze de Dunkeld
Larix × eurolepis (p. 130)
Larix gmelinii (p. 130)
Mélèze du Japon
Larix kaempferi (p. 130)
Larix laricina (p. 131)
Mélèze américain
Larix occidentalis (p. 131)
Larix potaninii (p. 131)

FEUILLES TRES ETROITES
Saule des vanniers, Osier blanc
Salix viminalis (p. 195)
Olivier de Bohême
Eleagnus angustifolia (p. 113)
Poirier feuille de saule
Pyrus salicifolia (p. 180)
Magnolia feuille de saule
Magnolia salicifolia (p. 135)
Quercus chrysolepis (p. 182)
Chrysolepis chrysophylla (p. 102)
Quercus laurifolia (p. 184)
Embothrium coccineum (p. 114)
Chêne saule
Quercus phellos (p. 186)
Drimys winteri (p. 113)
Eucalyptus de Gunn
Eucalyptus gunnii (p. 114)
Eucalyptus perriniana (p. 115)
Eucalyptus niphophila (p. 114)

SAULES (principalement)

Saule argenté,
Saule blanc
Salix alba (p. 193) ×

Salix matsudana
'Tortuosa' (p. 194)

Salix × *chrysocoma* (p. 194)

Saule cassant
Salix fragilis (p. 194)

Saule amandier,
Osier brun,
Osier franc,
Saule à trois étamines
Salix trianda (p. 195)

Saule cendré,
Gévrine
Salix cinerea (p. 194)

Saule laurier, Saule brillant,
Saule à cinq étamines
Salix pentandra (p. 195)

Micocoulier
Celtis australis (p. 98)

Prunus serrula (p. 174)

Prunus pennsylvanica (p. 173)

Pêcher
Prunus persica (p. 173)

Stewartia pseudocamellia (p. 202)
Stewartia sinensis (p. 202)
Laurier du Portugal
Prunus lusitanica (p. 172)
Erable du Japon
Acer carpinifolium (p. 66)
Halesia monticola (p. 121)
Néflier commun
Mespilus germanica (p. 140)
Quercus myrsinifolia (p. 185)
Arbustus × andrachnoides (p. 85)
Laurier-amande,
Laurier-cerise
Prunus laurocerasus (p. 172)
Arbousier,
Arbre aux fraises
Arbutus unedo (p. 86)
Châtaignier
Castanea sativa (p. 95)
Chêne du Liban
Quercus libani (p. 184)
Lithocarpus densiflorus (p. 133)
Quercus castaneifolia (p. 181)

Plaqueminier d'Italie, d'Europe
Diospyros lotus (p. 112)

Plaqueminier de Virginie
Diospyros virginiana (p. 112)

Magnolia d'Amérique, à grandes fleurs
Magnolia grandiflora (p. 135)

Pittosporum tenuifolium (p. 164)

Arbutus menziesii (p. 86)

Arbousier andrachne
Arbutus andrachne (p. 85)

Oxydendron arboreum (p. 143)

Magnolia kobus (p. 135)

Micocoulier du Mississippi
Celtis laevigata (p. 99)

Magnolia de Wilson
Magnolia wilsonii (p. 136)

Magnolia × *soulangeana* (p. 135)

Magnolia hypoleuca (p. 135)

Magnolia à feuilles acuminées
Magnolia acuminata (p. 134)

Magnolia parasol
Magnolia tripetala (p. 136)

Magnolia de Veitch hybride
Magnolia × veitchii (p. 136)

Quercus imbricaria (p. 183)

Asimina triloba (p. 86)

Magnolia de Fraser
Magnolia fraseri (p. 134)

Magnolia de Campbell
Magnolia campbellii (p. 134)

Quercus agrifolia (p. 180)

Micocoulier d'Amérique
Celtis occidentalis (p. 99)

Nothofagus obliqua (p. 142)

Nothofagus dombeyi (p. 141)

Chêne-liège
Quercus suber (p. 190)

Nothofagus antarctica (p. 141)

Nothofagus procera (p. 142)

Quercus pontica (p. 186)

Chêne vert,
Yeuse
⊗ *Quercus ilex* (p. 183)

Orme de Sibérie
Zelkova carpinifolia (p. 215)

Orme d'Angleterre,
Orme champêtre
Ulmus procera (p. 213)

Zelkova serrata (p. 215)

Orme blanc,
Orme de montagne
Ulmus glabra (p. 212)

PRUNUS ORNEMENTAUX

Prunus 'Tai-Haku' (p. 176)

Prunus 'Pink Perfection' (p. 175)

Prunus 'Shirofugen' (p. 175)

Prunus 'Hokusai' (p. 174)

Prunus 'Shirotae' (p. 175)

Prunus 'Amanogawa' (p. 174)

Prunus 'Kanzan' (p. 175)

Prunus 'Mikurama-gaeshi' (p. 175)

Prunus 'Ukon' (p. 176)

Prunus 'Accolade' *(Prunus sargentii* × *P. subhirtella)* (p. 170)

Prunus × *yedoensis* (p. 177)

AUTRES PRUNUS

Prunier myrobolan
Prunus cerasifera (p. 171)

Prunus cerasifera 'Pissardi' (p. 171)

Epine noire,
Prunellier,
Prunier épineux
Prunus spinosa (p. 176)

Prunus americana (p. 170)

Abricotier de Mandchourie
Prunus maackii (p. 172)

Mahaleb,
Cerisier de sainte Lucie
Prunus mahaleb (p. 172)

Cerisier noir
Prunus serotina (p. 174)

Cerisier à grappes,
Merisier à grappes
Prunus padus (p. 173)

Cerisier à fleurs japonais
Prunus subhirtella (p. 176)

Prunus virginiana (p. 176)

Merisier,
Merisier des oiseaux
Prunus avium (p. 170)

Prunus 'Hillieri' (p. 171)

Prunus sargentii (p. 173)

Cognassier commun
Cydonia oblonga (p. 111)

Parrotia
Parrotia persica (p. 144)

Cotinus obovatus (p. 105)

Buis
Buxus sempervirens (p. 92)

Buis de Mahon
Buxus balearica (p. 92)

Troène
Ligustrum lucidum (p. 132)

Cotoneaster frigidus (p. 105)

Laurier d'Apollon,
Laurier-sauce
Laurus nobilis (p. 132)

Laurier de Californie
Umbellularia californica (p. 214)

Magnolia cordata (p. 134)

Magnolia × loebneri
'Leonard Messel' (p. 135)

Saule marsault
Salix caprea (p. 193)

Hêtre, Fayard, Fouteau
Fagus sylvatica (p. 116)

Hêtre pourpre
Fagus sylvatica purpurea (p. 117)

Fagus orientalis (p. 116)

Eucommia ulmoides (p. 115)

Frêne commun, Grand frêne
Fraxinus excelsior diversifolia (p. 119)

Orme d'Amérique
Ulmus americana (p. 212)

Orme subéreux, Orme liège
Ulmus thomasii (p. 214)

Charme d'Amérique
Carpinus caroliniana (p. 93)

Charme du Japon
Carpinus japonica (p. 93)

Ostrya commun, Charme houblon
Ostrya carpinifolia (p. 143)

Ostrya virginiana (p. 143)

Charme, Faux bouleau
Carpinus betulus (p. 93)

Ulmus minor (p. 213)

Ulmus laevis (p. 213)

Orme blanc,
Orme de montagne
Ulmus glabra (p. 212)

Orme hollandais
'Hollandica'
Ulmus × hollandica
'Hollandica' (p. 212)

Orme hollandais
'Vegeta'
Ulmus × hollandica
'Vegeta' (p. 212)

Alnus rubra (p. 84)

Alisier blanc,
Alouchier
Sorbus aria (p. 197)

Sorbus 'Wilfred Fox' (p. 202)

Aune blanc,
Aune de montagne
Alnus incana (p. 83)

Acer davidii
'George Forrest' (p. 68)

Acer davidii
'Ernest Wilson' (p. 68)

Cornus controversa (p. 103)

Cornouiller mâle
Cornus mas (p. 104)

Cornus nuttalii (p. 104)

Cornus alternifolia (p. 103)

Cornouiller à grandes fleurs
Cornus florida (p. 103)

Aliboufier
Styrax japonica (p. 203)

Magnolia de Virginie
Magnolia virginiana (p. 136)

Oranger des Osages
Maclura pomifera (p. 133)

Nyssa sylvatica (p. 142)

Prunus ilicifolia (p. 171)

Houx d'Amérique
Ilex opaca (p. 124)

Ilex pernyi (p. 124)

Houx hérisson
Ilex aquifolium
'Ferox' (p. 123)

Ilex aquifolium
'Recurva' (p. 123)

Houx commun
Ilex aquifolium (p. 122)

Ilex aquifolium
'Aurea marginata' (p. 123)

Ilex aquifolium
'Argentea marginata' (p. 123)

Ilex × altaclarensis
'Wilsonii' (p. 122)

Ilex × altaclarensis
'Golden King' (p. 122)

Ilex × altaclarensis
'Hendersonii' (p. 122)

Ilex × altaclarensis
'Hodginsii' (p. 122)

Ilex × altaclarensis
'Camellifolia' (p. 121)

Ilex dipyrena (p. 124)

Amelanchier laevis (p. 84)

Poirier commun
Pyrus communis (p. 179)

Pommier microcarpe de Sibérie
Malus baccata (p. 136)

Malus 'Magdeburgensis' (p. 138)

Pommier du Japon
Malus floribunda (p. 137)

Pommier sauvage, Pommier paradis
Malus sylvestris (p. 139)

Crataegus × *lavallei* (p. 108)

Crataegus × *prunifolia* (p. 109)

Malus fusca (p. 138)

Malus × *purpurea* (p. 139)

Ergot de coq
Crataegus crus-gallii (p. 106)

Malus ioensis (p. 138)

Malus coronaria (p. 137)

Crataegus douglasii (p. 106)
Crataegus pedicellata (p. 108)
Betula occidentalis (p. 89)
Crataegus mollis (p. 108)
Betula utilis (p. 91)
Betula nigra (p. 89)
Bouleau jaune
Betula lutea (p. 89)
Bouleau d'Europe
Betula pendula (p. 90)
Bouleau pubescent
Betula pubescens (p. 91)
Bouleau blanc
Betula populifolia (p. 90)
Betula coerulea-grandis (p. 88)
Acer crataegifolium (p. 67)
Bouleau merisier
Betula lenta (p. 88)
Bouleau à canots,
Bouleau à papier
Betula papyrifera (p. 90)

Coudrier, Noisetier
Corylus avellana (p. 104)
Coudrier de Byzance
Corylus colurna (p. 105)
Acer distylum (p. 68)
Acer tataricum (p. 78)
Aune de Corse
Alnus cordata (p. 83)
Aune glutineux, Verne, Vergne
Alnus glutinosa (p. 83)
Styrax obassia (p. 203)
Arbre de Judée
Cercis siliquastrum (p. 100)
Cercidiphyllum japonicum (p. 100)
Mûrier à papier
Broussonetia papyrifera (p. 91)
Mûrier commun
Morus alba (p. 140)
Mûrier noir
Morus nigra (p. 141)

PEUPLIERS

Populus nigra var. *betulifolia* (p. 168)

Peuplier d'Italie
Populus nigra 'Italica' (p. 168)

Peuplier monalifère
Populus deltoides (p. 167)

Peuplier régénéré
Populus × canadensis 'Regenerata' (p. 166)

Populus × canadensis 'Robusta' (p. 167)

Peuplier baumier
Populus balsamifera (p. 166)

Populus tremuloides (p. 169)

Populus trichocarpa (p. 169)

Populus grandidentata (p. 167)

Peuplier gris, Grisard
Populus canescens (p. 167)

Peuplier tremble, Tremble
Populus tremula (p. 169)

Arbre aux pochettes
Davidia involucrata (p. 112)

Tilleul argenté
Tilia tomentosa (p. 209)

Tilleul d'Amérique
Tilia americana (p. 207)

Tilleul d'Oliver
Tilia oliveri (p. 208)

Tilia petiolaris (p. 208)

Tilia × *euchlora* (p. 207)

Tilleul à grandes feuilles
Tilia platyphyllos (p. 208)

Tilleul à petites feuilles
Tilia cordata (p. 207)

Tilleul de Hollande
Tilia × *europaea* (p. 208)

Paulownia tomentosa (p. 144)

Catalpa ovata (p. 96)

Populus lasiocarpa (p. 168)

Catalpa speciosa (p. 97)

Catalpa × *erubescens* (p. 96)

Catalpa commun
Catalpa bignonioides (p. 96)

Tetracentron sinense (p. 205)

Erable jaspé
Acer pennsylvanicum (p. 74)

Acer rufinerve (p. 75)

Acer capillipes (p. 66)

Erable rouge
Acer grosseri var. *hersii* (p. 70)

Plaine rouge
Acer rubrum (p. 75)

Erable de Montpellier
Acer monspessulanum (p. 72)

Acer forrestii (p. 68)

Acer sempervirens (p. 78)

Acer ginnala (p. 69)

Tulipier de Virginie
Liriodendron tulipifera (p. 133)

Tulipier de Chine
Liriodendron chinense (p. 133)

Arbre aux quarante écus
Ginkgo biloba (p. 120)

Erable noir
Acer nigrum (p. 72)

Erable de Cappadoce
Acer cappadocicum (p. 66)

Acer miyabei (p. 71)

Acer glabrum (p. 69)

Erable d'Italie
Acer opalus (p. 73)

Acer leucoderme (p. 71)

Figuier,
Caprifiguier (sauvage)
Ficus carica (p. 117)

Copalme d'Amérique
Liquidambar styraciflua (p. 132)

Kalopanax pictus
var. *maximowiczii* (p. 128)

Liquidambar orientalis (p. 132)

ERABLE A CINQ LOBES
Erable à sucre
Acer saccharum (p.78)
Erable à
grandes feuilles
Acer macrophyllum (p. 71)
Erable bâtard
Acer spicatum (p. 78)
Acer miyabei (p. 71)
Acer heldreichii (p. 70)
Acer hyrcanum (p. 70)
Sycomore,
Faux platane
Acer pseudoplatanus (p. 74)
Acer pseudoplatanus
'Atropurpureum' (p. 74)
Acer velutinum
var. vanvolxemii (p. 79)
Erable champêtre
Acer campestre (p. 65)
Acer × zoeschense (p. 79)
Erable plane,
Plane
Acer platanoides (p. 74)
Acer platanoides
'Goldsworth Purple' (p. 74)
Acer platanoides
'Schwedleri' (p. 74)

Erable du Japon
Acer palmatum (p. 73)

Acer palmatum
'Atropurpureum' (p. 73)

Erable argenté,
Plaine blanche
Acer saccharinum (p. 75)

Platane commun,
Platane à feuille d'érable
Platanus acerifolia (p. 165)

Platane d'Asie,
Main découpée
Platanus orientalis (p. 165)

Acer grandidentatum (p. 69)

Acer japonicum (p. 70)

Acer circinatum (p. 67)

Fagus sylvatica 'Asplenifolia' (p. 117)

Sorbus mougeottii (p. 200)

Malus florentina (p. 137)

Alisier de Fontainebleau
Sorbus latifolia (p. 200)

Epine blanche, Aubépine à un style
Crataegus monogyna (p. 108)

Aubépine, Aubépine à deux styles
Crataegus laevigata (p. 107)

Alisier torminal
Sorbus torminalis (p. 201)

Sorbus × thuringiaca (p. 201)

Crataegus laciniata (p. 107)

Sorbus intermedia (p. 199)

Sassafras
Sassafras albidum (p. 196)

Peuplier de Hollande, Peuplier blanc, Ypreau
Populus alba (p. 166)

Quercus robur 'Filicifolia' (p. 187)

Chêne pedonculé
Quercus robur (p. 187)

Chêne à glands sessiles, Rouvre
Quercus petraea (p. 186)

Quercus × *hispanica* 'Lucombeana' (p. 183)

Chêne des Pyrénées
Quercus pyrenaica (p. 187)

Quercus robur purpurascens (p. 187)

Chêne pubescent, Chêne blanc (en Provence)
Quercus pubescens (p. 187)
(spécimen non typique; devrait être beaucoup plus lobé)

Quercitron, Chêne des teinturiers, Chêne noir
Quercus velutina (p. 191)
(spécimen non typique; devrait être symétrique et plus profondément lobé)

Chêne rouge
Quercus rubra (p. 190)

Quercus × *ludoviciana* (p. 184)

Chêne blanc d'Amérique
Quercus alba (p. 180)

Chêne écarlate
Quercus coccinea (p. 182)

Quercus shumardii (p. 190)

Chêne des marais
Quercus palustris (p. 185)

Chêne noir de Californie
Quercus kelloggii (p. 184)

Quercus macranthera (p. 185)
Quercus canariensis (p. 181)
Quercus dentata (p. 182)
Quercus trojana (p. 191)
Chêne chevelu
Quercus cerris (p. 181)
Chêne prin,
Chêne châtaignier
Quercus prinus (p. 186)
Quercus canariensis (p. 181)
Quercus × turneri (p. 191)
Chêne bicolore,
Chêne bleu
Quercus bicolor (p. 181)
Quercus marylandica (p. 185)
Quercus frainetto (p. 182)
Quercus × leana (p. 184)
Quercus macrocarpa (p. 185)

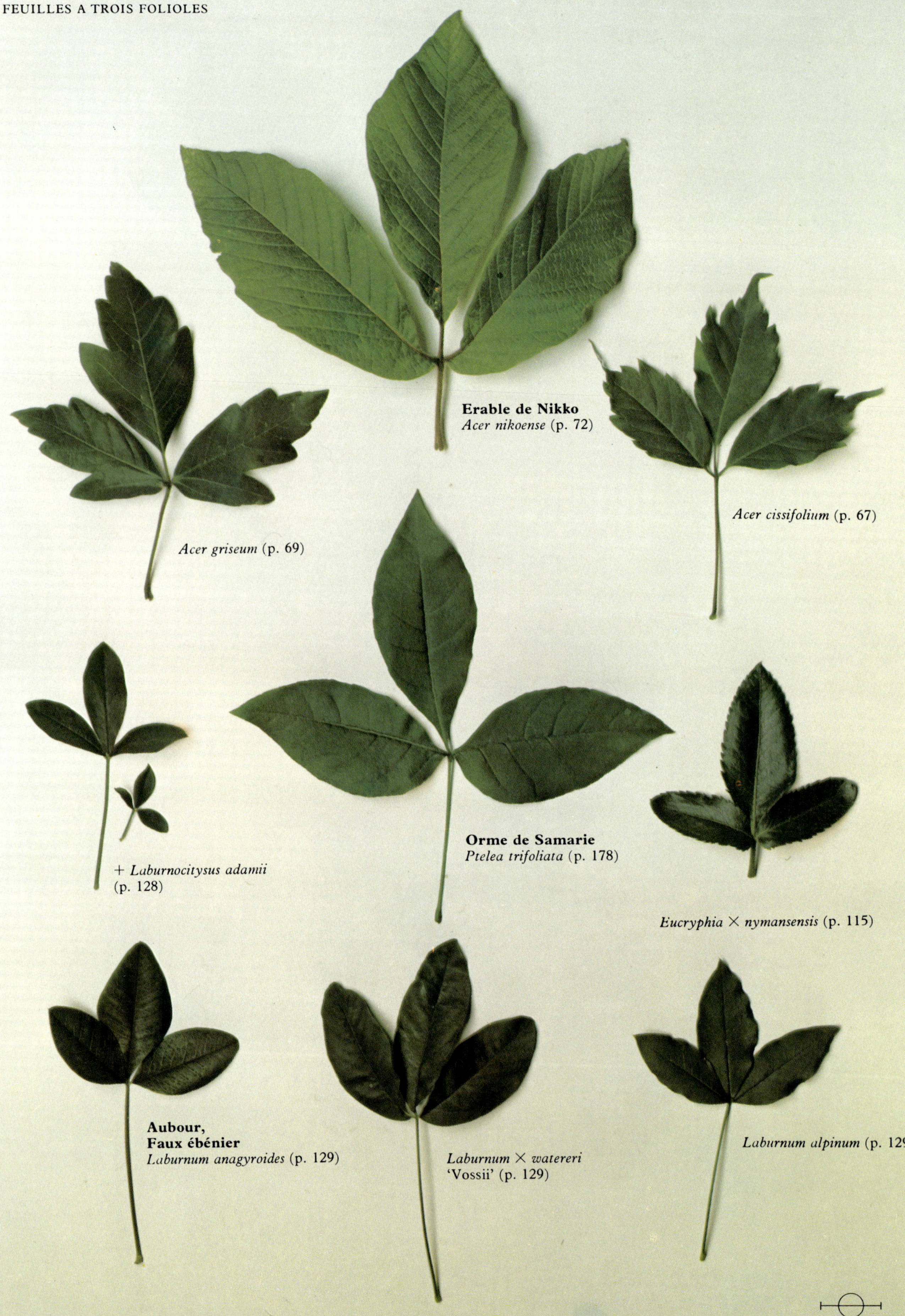

Erable de Nikko
Acer nikoense (p. 72)

Acer griseum (p. 69)

Acer cissifolium (p. 67)

+ *Laburnocitysus adamii* (p. 128)

Orme de Samarie
Ptelea trifoliata (p. 178)

Eucryphia × nymansensis (p. 115)

Aubour, Faux ébénier
Laburnum anagyroides (p. 129)

Laburnum × watereri 'Vossii' (p. 129)

Laburnum alpinum (p. 129)

Aesculus flava (p. 80)

Aesculus californica (p. 79)

Aesculus glabra (p. 80)

Marronnier à fleurs rouges
Aesculus × carnea (p. 80)

Marronnier d'Inde
Aesculus hippocastanum (p. 81)

Aesculus indica (p. 81)

Aesculus turbinata (p. 82)

Pavia
Aesculus pavia (p. 81)

Carya glabra (p. 94)

Fraxinus velutina (p. 120)

Frêne à fleurs,
Frêne à manne
Fraxinus ornus (p. 119)

Erable negundo
Acer negundo (p. 72)

Frêne blanc
Fraxinus americana (p. 118)

Virgilier
Cladrastis lutea (p. 103)

Noyer écailleux
Carya ovata (p. 95)

Sureau noir,
Susier
Sambucus nigra (p. 195)

Fraxinus pennsylvanica (p. 120)

Euodia daniellii (p. 116)

Fraxinus latifolia (p. 119)

Carya tomentosa (p. 95)
Carya laciniosa (p. 94)
Frêne blanc
Fraxinus americana
(p. 118)
Noyer dur
Carya cordiformis (p. 94)
Noyer commun
Juglans regia (p. 125)
Pterocarya fraxinifolia (p. 119)
Fraxinus latifolia (p. 119)
Pterocarya × rehderiana
(p. 179)

Phellodendron de l'Amour
Phellodendron amurense (p. 144)

Frêne commun,
Grand frêne
Fraxinus excelsior (p. 119)

Fraxinus angustifolia (p. 118)

Clavalier à feuilles de frêne
Zanthoxylum americanum (p. 214)

Sorbus sargentiana (p. 201)

Picrasma quassioides (p. 152)

Sorbus commixta (p. 198)

Sorbus 'Embley' (p. 199)

Cormier,
Sorbier domestique
Sorbus domestica (p. 198)

Sorbus 'Joseph Rock' (p. 200)

Févier d'Amérique,
Carouge à miel
Gleditsia triacanthos (p. 121)

Sorbus hupehensis (p. 199)

Sorbus americana (p. 197)

Sorbier des oiseaux
(des oiseleurs)
Sorbus aucuparia (p. 198)

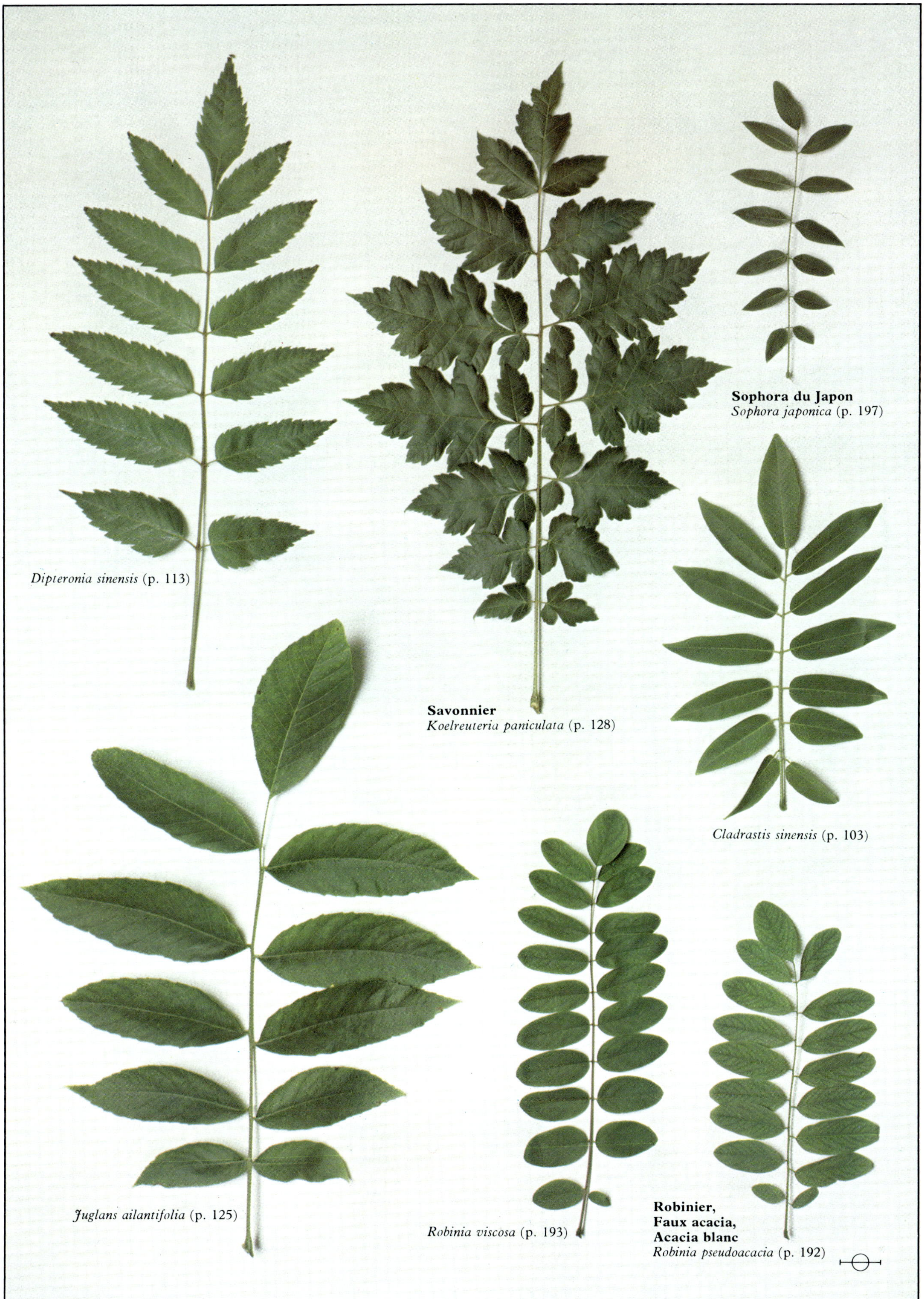

Dipteronia sinensis (p. 113)

Savonnier
Koelreuteria paniculata (p. 128)

Sophora du Japon
Sophora japonica (p. 197)

Cladrastis sinensis (p. 103)

Juglans ailantifolia (p. 125)

Robinia viscosa (p. 193)

Robinier,
Faux acacia,
Acacia blanc
Robinia pseudoacacia (p. 192)

Sumac de Virginie,
Sumac amarante
Rhus typhina (p. 192)

Cedrèle
Cedrela sinensis (p. 97)

Rhus verniciflua (p. 192)

Ailante,
Faux vernis du Japon
Ailanthus altissima (p. 82)

Noyer cendré
Juglans cinerea (p. 125)

Noyer noir
Juglans nigra (p. 125)

Chicot du Canada
Gymnocladus dioica (p. 121)

Angélique épineuse,
Bâton du diable,
Massue d'Hercule
Aralia spinosa (p. 84)

Mimosa,
Mimosa blanchissant
Acacia dealbata (p. 65)

Abies, famille des Pinacées, **sapin**
Groupe de conifères à fll. persist., à aiguilles simples, à fl. des deux sexes sur le même arbre. Les branches du sommet portent des cônes cylindriques qui se détachent à maturité ou sont désarticulés par les écureuils, laissant leur axe sur l'arbre.

Sapin commun

Abies alba Mill.
Originaire des montagnes d'Europe centrale — 800-1 800 m d'altitude. Cultivé pour son bois, il craint les premiers gels et les attaques des pucerons. Lente pendant les 6 premières années, sa croissance s'accélère ensuite (jusqu'à 1 m par an), jusqu'à atteindre 45 m de haut et 5 m de circonférence. Groupées sous les pousses des années précédentes, les fl. mâles libèrent leur pollen en avril. Vertes au début, les fl. femelles se transforment en cônes de 12 cm × 3 cm, brun orangé, à bractées saillantes recourbées vers la base (extrême gauche). Les aiguilles (p. 15) sont marquées de 2 lignes blanches épaisses, échancrées aux extrémités. L'écorce (ci-contre) est gris sombre, craquelée en petites plaques carrées chez les vieux sujets.

Sapin pectiné

Abies amabilis Doug. ex Forbes
Originaire des montagnes du S.-E. de l'Alaska jusqu'à l'île de Vancouver, l'Oregon et Washington. Parfois cultivé dans d'autres régions comme arbre ornemental, c'est surtout un arbre de collection. Il peut atteindre 75 m de haut dans le N. de son habitat naturel mais reste plus modeste ailleurs. Nombreuses fl. mâles, globuleuses, sous les rameaux, qui sèchent et libèrent leur pollen en avril. Rouges au début, les fl. femelles se transforment en cônes violet rougeâtre de 10-15 cm de long et 5-6 cm de large (extême gauche). Froissé, le feuillage émet une forte odeur de mandarine. L'écorce (ci-contre) est grise, tavelée de blanc.

Sapin des Vosges

Abies bracteata (D. Don) Nutt.
Originaire des canyons et des sommets des Santa Lucia Mountains (Californie), à des altitudes avoisinant 900 m. Cultivé ailleurs comme arbre d'ornement, en particulier dans l'Italie du N. Il peut atteindre 45 m de haut. Les fl. mâles (2-3 cm de long), groupées en chatons, libèrent leur pollen fin mai. Les fl. femelles, solitaires, de 2-3 cm de long (extrême gauche), se transforment en cônes bien reconnaissables, de 10 cm de long (ci-contre). L'arbre lui aussi se reconnaît aisément à ses longues aiguilles piquantes (p. 15) et à ses bourgeons marron et fusiformes qui ressemblent à ceux des hêtres.

Sapin de Céphalonie

Abies cephalonica Loud.
Originaire des montagnes de la Grèce méridionale et planté comme ornement dans les grands jardins, il peut atteindre 49 m de haut. Les fl. mâles et femelles (extrême gauche) s'ouvrent en avril : les mâles, rouges, virant au jaune, les femelles vertes, longues de 2,5 cm environ. Les aiguilles (p. 15) sont disposées de façon typique tout autour des ramilles. Cette caractéristique ajoutée aux bourgeons résineux et aux bractées des cônes rend le sapin de Céphalonie très aisément reconnaissable. L'écorce (p. 216), brun foncé, se craquelle en petites plaques.

Sapin blanc du Colorado

Abies concolor (Gord.) Hildebrand
Originaire du Colorado, d'Arizona, du S. de la Californie, de l'Utah et du Mexique, il est rarement cultivé dans les jardins et les collections, la variété *lowiana* étant plus courante (*cf.* ci-dessous). A l'état naturel il peut atteindre 30 m. Les fl. (extrême gauche) s'ouvrent fin avril — les mâles rondes et jaunes, les femelles jaune-vert — de 2,5 cm de long environ. Les cônes (ci-contre), longs de 7,5 à 12,5 cm, peuvent être violet foncé ou jaune-vert brillant. Les fll. (p. 15) sont assez longues ; froissées, elles dégagent une forte odeur citronnée (dessin, ci-dessus, gauche).

Abies concolor var. *lowiana* (Gord.) Lemm. **Sapin de Low**
Généralement plus grand que l'espèce type, on le considère comme originaire des régions côtières de l'Oregon et de la Sierra Nevada. Deux formes ont été décrites : la forme septentrionale aux aiguilles plates disposées sur deux rangs de part et d'autre des ramules (ex. p. 15), et la forme méridionale aux fll. relevées en « U » Selon leur habitat, les sujets revêtent des formes intermédiaires entre ces extrêmes (dessin ci-dessus, droite).
Abies delavayi Franch, **Sapin de Delavay**
Originaire de Chine occidentale, il est rarement cultivé. Fleurs et cônes sont similaires à ceux de la var. *georgii* (ci-dessous), mais les cônes violet foncé ont des bractées plus courtes, les fll. sont arrondies et généralement échancrées au sommet.

Sapin de Forrest

A. delavayi var. *forrestii* (Rogers) Jacks
Originaire des provinces chinoises du Yunnan et de Setchouan, c'est la variété la plus communément cultivée. Similaire à la var. *georgei* mais les fll. sont plus longues et plus échancrées, les cônes ont des bractées plus étroites et plus courtes (dessin ci-dessus, gauche).
A. delavayi var. *georgei* (Orr) Melville.
Les fl. (extrême gauche) s'ouvrent fin avril. Les cônes (ci-contre) violet foncé, de 6-10 cm de long, ont des bractées particulièrement longues. Les fll. (p. 15) sont échancrées, à 2 bandes blanches en dessous, souvent bleuâtres la première année (dessin ci-dessus, droite).

Sapin du Japon

Abies firma Sieb. & Zucc.
Originaire du Japon méridional, il est cultivé dans les collections et les grands jardins. Il peut atteindre 24-30 m de haut. Les fl. mâles libèrent leur pollen fin avril, les femelles, de 2,5 cm de long (extrême gauche), se transforment en cônes de 8 cm de long (ci-contre). Le feuillage est vert vif dessus, argenté dessous (p. 15). Les aiguilles vert foncé, notablement effilées vers la base, se divisent en 2 pointes au sommet. L'écorce est gris rosâtre.

Sapin de Vancouver

Abies grandis Lindl.
Originaire de l'île de Vancouver, du S. de la Colombie britannique à la Californie, il est largement implanté dans les forêts en raison de sa croissance rapide et de son adaptation à toutes natures de sol. Il peut atteindre 16 m en 20 ans et dans son habitat naturel on a vu des sujets de 90 m. Les fl. mâles (extrême gauche), plus petites que chez les autres sapins, n'existent que dans la partie supérieure de l'arbre et libèrent leur pollen en avril. Les cônes (ci-contre), de 7-8 cm de long, virent en mûrissant (octobre) de vert vif à brun foncé. Froissées, les fll. (p. 15) dégagent une forte odeur de mandarine ; elles présentent 2 bandes très blanches en dessous.

Sapin de Nikko

Abies homolepis Sieb. & Zucc.
Originaire du centre du Japon, il est largement cultivé dans les grands jardins pour ses qualités ornementales. Il peut atteindre 24-27 m et tolère bien la pollution, ce qui rend possible son implantation aux abords ou dans les villes. Les fl. mâles, de 2,5 cm de long, sont brillantes, vert clair, et libèrent leur pollen fin avril. Les fl. femelles, de 3,7 cm de long (extrême gauche), se transforment en cônes violet-bleu en été, puis brun violacé en octobre (ci-contre), de 8 cm de long. Le feuillage (p. 15) est composé d'aiguilles de 1,5-3,7 cm de long, vertes dessus et 2 bandes blanches dessous. L'écorce (p. 216) est gris rosâtre à gris violacé et se fissure en petites écailles.

Sapin de la Corée

Abies koreana Wils.
Originaire de Corée, c'est un arbre de taille plutôt réduite, buissonnant, qui produit des cônes dès le plus jeune âge, ce qui en fait un sujet très ornemental. Cultivé, il atteint environ 9 m. Il produit des fl. mâles et femelles (extrême gauche) en mai : les mâles sur toutes les ramures, les femelles, longues de 2-5 cm, sur les rameaux supérieurs. A maturation, les cônes (ci-contre) mesurent 5-7,5 cm de long et sont généralement couverts de résine blanche. Les fll. (p. 16) sont plus courtes que chez la plupart des sapins, émousées et échancrées à l'extrémité et blanc brillant dessous. L'écorce est foncée, parsemée de lenticelles.

Sapin de Lobb

Abies lasiocarpa (Hook.) Nutt.
On le trouve sur les sommets de l'Alaska, de Colombie britannique et d'Alberta jusqu'aux États de Washington et d'Oregon. Très difficile à cultiver, on ne le trouve que rarement en Amérique du Nord et uniquement comme arbre de collection ailleurs. Dans son habitat naturel, il peut atteindre 40 m de haut. Les fl. mâles (extrême gauche) libèrent leur pollen en avril. Les fl. femelles se transforment en cônes de violet foncé à brun (à maturation) de 15 cm (ci-contre) qui se détachent en octobre. Les feuillage (p. 16) est ciré, vert-bleu, les fll. des rameaux supérieurs plus courtes ; froissées, elles dégagent une forte odeur balsamique.

Sapin rouge de Californie

Abies magnifica Murr.
Originaire d'Oregon et de Californie, à des altitudes de 1 500-1 800 m, on le cultive comme arbre ornemental dans d'autres régions d'Amérique et en Europe à cause de son beau port symétrique. Un vieux sujet peut atteindre 65 m de haut. Les fl. (extrême gauche) apparaissent en mai, les cônes (ci-contre) sont rares mais gros, longs de 20 cm. Jeunes, ils sont vert doré à violacé et deviennent bruns à maturation. Le feuillage (p. 16) est composé d'aiguilles recourbées devenant presque quadrangulaires avec l'âge. L'écorce, grise et liégeuse, devient rouge chez les vieux sujets en Californie.

Sapin de Nordmann, sapin du Caucase

Abies nordmanniana (Stev.) Spach.
Originaire du Caucase, c'est un arbre de collection ou d'ornement pour jardins. La croissance peut être lente mais dans son habitat naturel l'arbre peut atteindre 50-60 m de haut. Les fl. (extrême gauche) apparaissent fin avril, les mâles sur toute la couronne, les femelles au sommet de l'arbre seulement. Les cônes (ci-contre) sont verts et résineux en été,bruns à maturation, en octobre. Les aiguilles (p. 16) forment deux rangées, les supérieures plus courtes, et constituent souvent un feuillage dense et luxuriant. L'écorce est grise et lisse, se fissurant ensuite en plaques carrées.

Sapin de Numidie

Abies numidica De Lannoy, ex Carr.
Originaire des monts Babor et Tababor (Algérie), il supporte mieux les conditions des villes que la plupart des sapins. Une fois amorcée, sa croissance peut être rapide (jusqu'à 25 m). Les fl. (extrême gauche) apparaissent en avril, les femelles se développant en cônes étroits de 13 cm de long (ci-contre), bruns et résineux à maturation. Les aiguilles (p. 16), disposées tout autour des ramilles, sont dirigées toutes vers le haut ; elles sont vert bleuâtre foncé avec parfois une tache triangulaire de gris vers le sommet, et bandes blanches dessous. L'écorce est de gris-rose pâle à orange, se fissurant en plaques avec l'âge.

Sapin noble

Abies procera Rehd.
Originaire des États de Washington et d'Oregon, à des altitudes de 600-1 500 m, il est cultivé ailleurs pour son bois à grain serré, utile en construction, mais aussi comme arbre d'ornement. Après quelques années, la croissance est rapide dans son habitat naturel (45-60 m), plus lente en culture. Les fl. mâles (extrême gauche) libèrent leur pollen en mai, les femelles formant des cônes bien particuliers (20-25 cm de long), à bractées dentées recourbées vers le bas, qu'on trouve même sur les petits sujets (5 m). Les aiguilles bleuâtres (p. 16) sont insérées sous les rameaux et se relèvent nettement. L'écorce gris pâle ou violacé se fissure avec l'âge.

Sapin de Veitch

Abies veitchii Lindl.
Originaire du centre du Japon, on le plante comme arbre d'ornement dans les jardins car il tolère bien les conditions des villes. La croissance est assez rapide, même les premières années, mais l'arbre a une vie courte. Il peut atteindre 22 m de haut. Les fl. (extrême gauche) apparaissent en avril. De 2-3 cm au début, les femelles se développent en cônes violet-bleu (ci-contre) de 6-8 cm, bruns à maturation, en octobre. Les fll. (p. 16) sont similaires à celles de *A. nordmanniana* mais plus souples, échancrées à l'extrémité, vert brillant dessus, à bandes argentées dessous. L'écorce est gris foncé, barrée de lignes horizontales et parfois tavelée de blanc.

Mimosa, mimosa blanchissant

Acacia dealbata Link,
famille des Légumineuses
A fll. persist., originaire de Nouvelle-Galles du sud (Australie) et de Tasmanie, il et aujourd'hui largement répandu en Europe centrale et méridionale pour ses grappes de fleurs jaunes que l'on trouve chez les fleuristes à la fin de l'hiver. Sa fragilité au gel en fait un arbre de distribution limitée mais dans son habitat naturel il peut atteindre 24 m de haut et 3 m de circonférence. Dans le S.-E. de la France, les fleurs (0,5 cm de diam.) apparaissent de janvier à mars (ci-contre). Les gousses, non montrées, sont blanc bleuâtre, de 5-7 cm de long et 1 cm de large. Les fll. (p. 59) sont constituées de folioles de 2 cm de long. L'écorce est gris-vert brillant sur les jeunes sujets (extrême droite), mais vire au brun terne presque noir avec l'âge. L'arbre à la soie *(Albizia julibrissin)* a la même forme de fll.

Acer famille des Acéracées, **érable**
Arbres et arbustes à fll. cad., opposées, généralement lobées, à fr. ailées (samares), très particuliers, similaires à ceux du frêne mais doubles.

Erable champêtre

Acer campestre L.
Originaire d'Europe. On l'emploie comme arbre de haies mais également pour son bois que l'on tourne ou sculpte, en raison de sa faible longueur. C'est un arbre de 4, 5-9 m de haut, parfois plus. Les fl. (extrême gauche) sont hermaphrodites, groupées par 10 en corymbes pendants qui apparaissent en fin avril ou début mai et se développent en fruits pendants (ci-contre). Les fll. (p. 43) virent à l'automne de jaune doré à rouge (p. 76). Dans le S. de l'Europe, il existe des hybrides d'*Acer campestre* avec *A. monspessulanum* ou *A. sempervirens,* ce qui rend parfois l'identification d'un arbre difficile, mais l'érable champêtre se reconnaît à la sève laiteuse qui suinte de ses feuilles.

Acer capillipes Maxim.
Originaire du Japon et cultivé dans les parcs, on commence à l'implanter dans les petits jardins pour son effet très décoratif. Il peut atteindre 9-14 m de haut. Les fl. (extrême gauche) apparaissent en mai par grappes pendantes de 25. Les fr., sur les mêmes longues grappes pendantes, sont des samares aux ailes formant un angle de 120-180°. Les fll. sont similaires à celles de *A. pennsylvanicum* et de *A. rufinerve* mais sont dépourvues de poils rouille en dessous tandis que leur pétiole est généralement rouge vif. Elles virent à l'orange et au rouge à l'automne (ci-contre), ce qui en fait un étonnant élément de décoration. L'écorce est rayée de vert et d'argent (p. 216).

Erable de Cappadoce

Acer cappadocicum Gleditsch
Originaire du Caucase, de l'Himalaya et de Chine, on le cultive aujourd'hui dans les collections et les grands jardins mais également comme arbre d'alignement en Europe. Il atteint rapidement une hauteur de 25 m et une circonférence de 2,5 m. Les fl. (extrême gauche), de 5-8 mm de long, à 5 pétales jaune pâle, s'ouvrent en mai, par groupes dressés de 15. Les samares (ci-contre) ont des ailes largement étendues de 7 cm de long environ. Les fll. (p. 42) portent à l'aisselle des touffes de poils en dessous et virent au jaune doré brillant à l'automne (p. 76).
A. cappadocicum cv. 'Aureum' déploie des fll. jaunes qui virent au vert en été puis de nouveau au jaune à l'automne.
A. cappadocicum cv. 'Rubrum' se distingue par son feuillage rouge au début.

Erable du Japon

Acer carpinifolium Sieb. & Zucc.
Originaire du Japon, on le trouve cultivé dans quelques collections. Il peut atteindre 15 m de haut au Japon mais jamais guère plus de 10 m ailleurs. Les fl. (extrême gauche) s'ouvrent fin avril début mai en grappes de 10-12 cm de long. Les fr. ont des ailes recourbées vers le bas de 1,5 cm de long. Les fll. (p. 26) rappellent celles du charme mais elles sont opposées et non alternes comme chez le charme. En automne elles prennent de riches teintes de jaune et de brun.

Acer circinatum Pursh
Originaire de l'O. de l'Amérique du N. il pousse au bord des cours d'eau côtiers de Colombie britannique jusqu'aux rives du Sacramento, en Californie. Le bois lourd, à grain serré, était autrefois utilisé par les Indiens du N.-O. pour les montures de leurs filets de pêche. Aujourd'hui cet arbre se répand dans les petits jardins d'Europe. Il peut atteindre 10-12 m de haut, est doté d'un tronc vigoureux mais dans son habitat originel il est prostré, buissonnant, avec des branches qui pourrissent quand elles touchent le sol. Les fl. (extrême gauche) sont inhabituellement vives pour un érable, une même grappe portant à la fois des fl. mâles et femelles. Les ailes des samares (ci-contre) mesurent 3,7 cm de long ; jeunes elles sont rouge vif. Les fll. (p. 46) sont écarlates et orange à l'automne (p. 76).

Acer cissifolium (Sieb. & Zucc.) K. Koch
Originaire du Japon, il est cultivé dans les grands jardins et les collections. Il peut atteindre 9 m de haut et 1 m de circonférence. Fl. mâles et femelles (extrême gauche) apparaissent sur un même sujet en mai, en grappes groupées par 2, de 10-12 cm de long. Les samares (ci-contre) ont des ailes rouges de 2-3 cm de long, formant un angle de 60° maximum. Les fll. ont 3 folioles. A comparer avec celles de *A. negundo* et *A. nikoense*. Elles virent au jaune pâle et au rouge à l'automne.

Acer crataegifolium Sieb. & Zucc.
Autre érable à écorce striée, il est originaire du Japon et cultivé dans les grands jardins et les collections. Il atteint généralement 9 m de haut. Les fl. (extrême gauche) apparaissent en avril en grappes dressées de 3-5 cm de long. Les samares (ci-contre) ont des ailes rouges de 2-2,5 cm formant un angle de 180°. Les fll. (p. 38) plus petites que celles des autres arbres à écorce striée ont des pétioles rouges et restent faiblement rosées pendant l'été. L'écorce est verte à rayures verticales blanches plus prononcées sur les jeunes pousses.

Acer davidii Franch.
C'est un missionnaire français, le père David, qui découvrit cette espèce en Chine. Aujourd'hui, elle revêt plusieurs formes que l'on confond souvent avec d'autres érables à écorce striée. On distingue 4 types cultivés dont les 2 suivants :
A. davidii 'George Forrest'. C'est un arbre à couronne étroite, haut de 14 m (dessin ci-dessus, gauche). Les jeunes pousses sont violacées ou rouge foncé, les fll. (p. 34) plates, plus longues et plus larges que celles des autres types, se colorant peu à l'automne.
A. davidii 'Ernest Wilson' est plus petit, à port plus arrondi (dessin ci-dessus, droite), à fll. plus étroites (p. 34) repliées sur la nervure centrale, se teintant d'orange à l'automne. Les fl. (extrême gauche) apparaissent en mai, en épis de 7,5-10 cm de long (sur la photo, il s'agit du type Wilson). Les ailes des samares (ci-contre) mesurent 2,5-3,7 cm (le spécimen représenté est du type Forrest). L'écorce est grise, striée de blanc.

Acer distylum Sieb. & Zucc.
Originaire du Japon, ne se trouve que dans les collections importantes. Cultivé, il n'atteint que 9 m contre 15 m à l'état sauvage. Les fl. (extrême gauche) apparaissent en mai, en grappes dressées de 7,5-10 cm de long. Les fr. (ci-contre) forment des épis dressés (ceux de la plupart des érables sont tombants). Les ailes des samares, longues de 2,5 cm, forment un angle de 100°. Les fll. (p. 39) ressemblent à celles du tilleul, mais elles sont plus étroites, à pétiole rose ou rouge. L'écorce est verte, striée d'orange.

Acer forrestii Diels.
Il est originaire de Chine où il a été découvert par G. Forrest au début du siècle. Il peut atteindre 12 m dans son habitat naturel. Les fl. (extrême gauche) s'ouvrent en mai en épis arqués (jusqu'à 10 cm de long). Les samares (ci-contre) ont des ailes de 2,5 cm, presque horizontales. les fll. (p. 43) ont des pétioles rouges, des touffes de poils aux aisselles en dessous et restent vertes à l'automne. L'écorce est verte, verticalement rayée de blanc.

Acer ginnala Maxim.
Originaire de Chine, du Japon et de Mandchourie, on l'implante aujourd'hui dans les petits jardins. On trouve souvent cet arbre relativement petit (9 m) sous forme d'arbuste buissonnant. Les fl. (extrême gauche) s'ouvrent en mai en denses grappes dressées de 3,7 cm de large. Les grappes de fr. sont tombantes (ci-contre). Les ailes des samares, longues de 2,5 cm, sont presque parallèles les unes aux autres. Le pétiole et la nervure médiane des fll. sont rouges (p. 43). Elles virent au rouge cramoisi à l'automne.

Acer glabrum Torr.
Originaire de l'O. de l'Amérique du N., où il se trouve près des cours d'eau de montagne à des altitudes de 1 500-1 800 m. Il peut atteindre 9-12 m de haut mais en culture on le trouve plus souvent sous forme d'arbuste. Fl. mâles et femelles apparaissent généralement sur des sujets distincts, fin avril. les fr. (ci-contre) ont des ailes recourbées vers le bas, longues de 2,5 cm. Les fll. (p. 42), à 3 ou 5 lobes peuvent même se décomposer en 3 folioles.

Acer grandidentatum Nutt.
Originaire de l'O. de l'Amérique du N., où il pousse près des cours d'eau de montagne. Il est très proche d'*Acer saccharum* qu'il remplace dans la partie occidentale de l'Amérique. Il peut atteindre 9-12 m de haut. Les fl. mâles et femelles sont séparées mais peuvent être sur la même grappe tombante. Elles apparaissent en mai. Les ailes des samares, longues de 1-2 cm, virent du rose au vert à maturation. Les fll. (p. 46) virent au jaune et au rouge à l'automne. L'écorce est brun foncé et squameuse.

Acer griseum (Franch.) Pax
Originaire de Chine, il est souvent cultivé pour l'aspect décoratif de son écorce (p. 216). Il peut atteindre 14 m de haut. Les fl. (extrême gauche) s'ouvrent en mai par groupes de 3 ou 5. Les fr. (ci-contre) sont inhabituellement gros, à ailes de 3,7 cm, recourbées vers le bas, presque parallèles. Les fll. (p. 50), à 3 folioles, virent au rouge clair vif et à l'orange à l'automne. L'écorce orange s'exfolie en bandes papyracées.

Acer grosserii Pax var. *hersii* (Rehd.) Rehd.
Originaire de la province chinoise de Ho-Nan, on le plante aujourd'hui largement dans les parcs et les jardins. Il peut atteindre 14 m de haut. Les fl. apparaissent en mai en longs épis de 10-15 (extrême gauche). Les samares ont des ailes vertes longues de 5 cm, presque horizontales (ci-contre). Les fll. (p. 43) virent au jaune, à l'orange et au rouge à l'automne (p. 189). L'écorce est verte, striée d'argent.

Acer heldreichii Orph.
Originaire de Grèce et des Balkans et cultivé dans des collections. Il peut atteindre 19 m de haut et 2 m de circonférence. Les fl. jaunes s'ouvrent en mai en grappes dressées. Les ailes, incurvées vers le bas, de samares mesurent 2,5-5 cm. Les fll. à lobes profondément découpés ont leurs nervures recouvertes en dessous de poils bruns. Elles virent au jaune, parfois au rouge, à l'automne.

Acer hyrcanum Fisch. & Mey.
Originaire du S.-E. de l'Europe, il est cultivé dans quelques collections. Il croît lentement jusqu'à 6-15 m de haut. Les fl. (extrême gauche) apparaissent en avril, groupées par 20 environ. Les ailes des samares (ci-contre), longues de 1,2 cm, sont recourbées vers le bas, presque parallèles. Les fll. (p. 43) sont semblables à celles de *A. opalus* mais plus profondément lobées, à pétiole jaune ou rose de 10 cm de long.

Acer japonicum Thunb.
Originaire du Japon, il est cultivé dans les vastes jardins. Il peut atteindre 9 m de haut. Les fl. aux couleurs vives (extrême gauche) s'ouvrent à la mi-avril. Les samares (ci-contre) aux pédoncules rouges, aux ailes largement étendues (2,5 cm de long), sont légèrement pubescente au début. Les fll. (p. 46), à 7-11 lobes, sont presque circulaires et restent vertes à l'automne.
Acer japonicum cv. 'Aconitifolium' a des fll. profondément lobées et dentées (p. 76) virant au rouge foncé à l'automne. Généralement buissonnant, il peut parfois atteindre 3 m de haut.
Acer japonicum cv. 'Vitifolium' est plus grand (13 m de haut), avec de grandes fll. qui prennent de superbes teintes rouges et orangées à l'automne (p. 76).

Acer leucoderme Small
Originaire du S.-E. des Etats-Unis, de Georgie et d'Alabama en particulier, il ressemble à *Acer saccharum.* On l'utilise parfois comme arbre d'alignement dans certaines villes d'Amérique orientale. Il peut atteindre 6-7,50 m. Les fl. (extrême gauche) s'ouvrent fin avril, mâles et femelles dans la même inflorescence. Légèrement velues lorsqu'elles sont jeunes, les samares (ci-contre) ont des ailes de 1-2 cm. Les fll. (p. 44), à 3-5 lobes, virent souvent au rouge à l'automne.

Erable à grandes feuilles

Acer macrophyllum Pursh
Originaire de la côte O. d'Amérique du N. de la Californie à l'Alaska, on le cultive parfois dans les parcs et les collections. Il peut atteindre 30 m. Les fl. (extrême gauche) forment un épi long de 25 cm s'ouvrant en avril. Les samares ont des ailes de 5 cm, formant un angle de 90°. Les fll. (p. 43) mesurent 15-30 cm de large. A l'automne, dans leur habitat naturel, elles prennent de belles teintes orangées mais sont souvent plus ternes ailleurs.

Acer miyabei Maxim.
Originaire du Japon mais assez semblabe à *Acer platanoides,* il est cependant plus petit (jusqu'à 15 m). Les fl. (extrême gauche) s'ouvrent en mai en épis de 5-7,5 cm. La partie renflée de la samare est pubescente et les ailes étendues de 1-2 cm de long. A l'automne les fll. (p. 43) virent généralement au jaune et leur pétiole au rouge.

Erable de Montpellier

Acer monspessulanum L.
Originaire d'Europe méridionale et d'Asie occidentale où il croît sur les sols secs et rocheux, il est cultivé dans les petits jardins et les parcs et dans le S. de l'Europe, comme arbre de haies. C'est la plupart du temps un arbuste mais il peut atteindre 15 m de haut. Les fl. (extrême gauche) s'ouvrent en mai-juin et se transforment en samares généralement rouges, à ailes recourbées vers le bas, de 2,5 cm de long (ci-contre). Les fll. (p. 43) sont semblables à celles de *A. sempervirens* mais tombent plus tôt. L'écorce est presque noire, à fissures verticales.

Erable negundo

Acer negundo L.
Originaire d'une aire étendue d'Amérique du N. orientale et centrale, il pousse dans les marais et au bord des cours d'eau. On en tirait autrefois du sucre et du sirop d'érable, mais on le cultive aujourd'hui comme arbre d'ornement tant en Europe que dans l'O. de l'Amérique du N. Il peut atteindre 12-15 m. Fl. mâles et femelles (extrême gauche) apparaissent sur des sujets distincts en avril : les mâles en denses panicules rouges, les femelles en grappes pendantes vertes. Les ailes des samares (ci-contre) mesurent 3-3,7 cm. Les fll., à 5 folioles, parfois 3 seulement, rappellent celles d'un frêne. Elles virent au jaune clair à l'automne (p. 77).
A. negundo cv. 'Variegatum' est un clone femelle. Le panachage de vert et de blanc de ses fll. et de ses fr. en fait un bel arbre d'ornement pour avenues et jardins.

Erable noir

Acer nigrum Michx. f.
Originaire du N.-E. de l'Amérique du N., il ressemble à *A. saccharum.* Il peut atteindre 24 m de haut. Les fl. vert clair, en panicules, apparaissent en avril et les samares ont la même forme que celles de *A. saccharum* (p. 78). Les fll. sont vert pâle et pubescentes en dessous, virant au jaune clair à l'automne.

Erable de Nikko

Acer nikoense Maxim.
Originaire du Japon et de Chine centrale, il peut atteindre 15 m de haut, avec un tronc de 30-45 cm de circonférence. En culture, il est généralement plus petit, parfois arbustif, ce qui le rend utile pour les petits jardins. Les fl. (extrême gauche) apparaissent en mai par groupes de 3. Les samares (ci-contre) sont pubescentes, longues de 3,7-5 cm, sur des pédoncules pubescents. Les fll. (p. 50) et leurs pétioles sont également velus ; elles virent au jaune et au rouge vif à l'automne.

Erable d'Italie

Acer opalus Mill.
Originaire d'Europe centrale et du S., il est cultivé dans les grands jardins comme arbre d'ornement. Il peut atteindre 9-19 m de haut, mais est souvent plus petit, voire arbustif. En avril l'arbre est très décoratif avec ses fl. (extrême gauche) jaune vif en groupes penchés et ses jeunes fll. jaunes. Les fr. (ci-contre) ont des ailes arquées vers le bas, de 2,5 cm de long, vert rosâtre. A maturation, les akènes virent au rouge. Les fll. (p. 44) rappellent celles de *A. pseudoplatanus* mais sont plus petites, à 3 lobes seulement, profondément découpés. La base est généralement plus en cœur que sur la photo ci-contre.

Erable du Japon

Acer palmatum Thunb.
Petit érable originaire du Japon, de Chine et de Corée, on le cultive dans les petits et grands jardins où il n'atteint que 6 m alors qu'il est plus haut dans son habitat naturel. Les fl. (extrême gauche) sont petites (0,6-0,8 cm), s'ouvrant début avril en grappes dressées. Les fr. (ci-contre), également en groupes dressés, peuvent néanmoins être pendants dans nombre de types cultivés. Les fll. (p. 46), à 5-7 lobes profondément découpés, virent au rouge et au pourpre à l'automne (p. 76). Quelques-unes des nombreuses variétés cultivées sont brièvement décrites ci-dessous.

Acer palmatum cv. 'Atropurpureum'
Ce cultivar de *A. palmatum* (ci-dessus) est très employé en jardins et peut atteindre 10 m. Les fl. (extrême gauche) s'ouvrent en avril, suivies de peu par les fll. (ci-contre). Ces fll. d'un beau pourpre toute l'année en font un arbre très décoratif.

A. palmatum cv. 'Dissectum' a des feuilles profondément découpées, à 7-11 lobes qui lui donnent l'apparence d'une fougère.

A. palmatum cv. 'Dissectum Atropurpureum' est semblable à *A. palmatum* cv. 'Dissectum' mais avec des fll. violet rougeâtre.

A. palmatum heptalobum cv. 'Osakazuki' a des fll. à 7 lobes profondément découpés, vertes en été et virant à l'écarlate en octobre.

A. palmatum cv. 'Senkaki' a des fll. vert jaunâtre profondément lobées, virant à l'orange en octobre. Les pousses hivernales sont rouge corail.

Erable jaspé

Acer pennsylvanicum L.
Originaire du N.-E. d'Amérique du N. Nouvelle-Angleterre, Québec, Wisconsin et vers le S. jusqu'en Georgie, il y forme souvent le sous-bois des forêts. Son écorce striée et ses jolis fr. en font un arbre décoratif cultivé dans d'autres Etats d'Amérique ainsi qu'en Europe. En culture, il atteint rarement sa hauteur maximale 9-12 m. Les fl. (extrême gauche), abondantes, s'ouvrent en mai en longs épis pendants de 15 cm. Les fr. (ci-contre) ont des ailes de 2,5 cm. Les fll. sont grandes (p. 43), variables mais toujours à 3 lobes pointés vers l'avant, vert vif quand elles sont jeunes et rougissant à l'automne (ci-contre), à pétioles rosâtres plutôt que rouges. L'écorce est verte chez les jeunes sujets, brun rougeâtre puis striée verticalement de raies blanches.

Erable plane, plane

Acer platanoides L.
Originaire d'Europe, de la Norvège au S. (à l'exception des îles Britanniques), il est cultivé dans les avenues, les parcs, etc., d'Europe et d'Amérique du N. Il peut atteindre 18-21 m environ. Les fl. (extrême gauche) s'ouvrent fin mars début avril. Les fr. (ci-contre) ont des ailes presque horizontales ; verts puis bruns à maturation, ils demeurent souvent sur l'arbre pendant l'hiver. Les fll. (p. 45), à lobes à dents aiguës, sont terminées en pointe fine ; rompus, leurs pétioles laissent suinter une sève laiteuse. Elles prennent une teinte jaune très brillante à l'automne (p. 189).
A. platanoides cv. 'Goldsworth Purple' a des fll. plus grandes, d'un pourpre profond (p. 45).
A. platanoides cv. 'Schwedleri' a des fll. pourpres au printemps, virant au vert teinté de pourpre en été (p. 45) puis au rouge orangé brillant et au pourpre à l'automne.

Erable sycomore, faux platane

Acer pseudoplatanus L.
Originaire d'Europe centrale et méridionale, il est cultivé pour son ombrage dans les villes et au bord des routes et pour son bois (placage et petits objets comme violons, cuillères en bois...). Il peut atteindre 30 m de haut. Les fl. (extrême gauche) s'ouvrent en avril en épis pendants de 6-12 cm de long. Les fr. (ci-contre) ont des ailes de 2,5 cm de long, virant souvent au rouge vif en été. Chez certains vieux sujets les fll. (p. 45) n'ont parfois que 3 lobes. Les pétioles des fll. sont rouges ou jaune rosâtre.
A. pseudoplatanus cv. 'Atropurpureum' a des fll. vert foncé en dessus, pourpre foncé en dessous (p. 45).

**Plaine rouge,
érable rouge**

Acer rubrum L.
Ce grand arbre originaire de l'E. de l'Amérique du N. est cultivé en Europe pour ses couleurs automnales et utilisé en Amérique pour la fabrication de meubles. Il peut atteindre 36 m mais est souvent plus petit en culture. Les fl. (extrême gauche) s'ouvrent fin mars début avril, mâles et femelles se trouvant souvent sur des sujets distincts. Leurs denses grappes rouges sont d'un bel effet sur les rameaux dénudés. Les fr., rouges aussi, ont des ailes de 1 cm formant un angle de 60°. Les fll. (p. 34) sont semblables à celles de *A. saccharinum* mais moins profondément lobées (ci-contre).

Acer rufinerve Sieb. & Zucc.
Originaire du Japon, il est fréquemment cultivé ailleurs pour l'aspect ornemental de son écorce et de ses fll. d'automne. Les pousses sont grises et pubescentes. Il peut atteindre 13 m de haut et 1 m de circonférence mais sa vie est relativement courte. Les fl. (extrême gauche), longues de 0,8 cm, apparaissent avec les fll. à la mi-avril en grappes relevées de 7,5 cm de long. Les samares, qui tombent à partir de juin, ont leur partie renflée pubescente au début. Les fll. (p. 43), de 10 cm de long environ, se teintent de l'orange au riche cramoisi à l'automne (p. 77). L'écorce des jeunes sujets est verte, rayée de blanc ; elle vire au brun-gris terne et uni avec l'âge.

**Erable argenté,
plaine blanche**

Acer saccharinum L.
Arbre décoratif originaire de l'E. de l'Amérique du N., du Québec à la Floride, il est utilisé comme arbre d'ornement en Europe pour les parcs et les routes. Il peut atteindre 27-36 m. les fl. (extrême gauche) s'ouvrent en mars avant la foliaison. Les fr. ont des pédoncules de 3,7-5 cm et des ailes tordues largement étendues. Se formant tôt, les graines peuvent germer et produire plusieurs fll. avant la fin de la saison, mais la reproduction se fait rarement par semis. Les fll. (p. 46) argentées en dessous se colorent de jaune et de rouge à l'automne (ci-contre). L'écorce est lisse et grise, souvent couverte de pousses et de rejets.
A. saccharinum forma *laciniatum* (Carr.) Rehd. a un port pleureur et des fll. profondément et étroitement lobées.

Erable du Japon
Acer palmatum (p. 73)

Erable champêtre
Acer campestre (p. 65)

Acer japonicum
'Vitifolium' (p. 70)

Erable de Cappadoce
Acer cappadocicum (p. 66)

Acer japonicum
'Aconitifolium' (p. 70)

Acer circinatum (p. 67)

Bouleau à canots,
Bouleau à papier
Betula papyrifera (p. 90)
Erable de Nikko
Acer nikoense (p. 72)
Hêtre, fayard,
fouteau
Fugus sylvatica
(p. 116)
Erable negundo
Acer negundo (p. 72)
Nyssa sylvatica (p. 142)
Acer rufinerve (p. 75)

Erable à sucre

Acer saccharum Marsh.
Originaire de l'E. de l'Amérique du N., il est cultivé comme arbre ornemental et d'ombrage mais surtout, en Amérique du N., pour le sirop qu'on en tire. Il peut atteindre 30-36 m. Les fl. (extrême gauche) s'ouvrent en avril sur de minces pédoncules de 5 cm de long. Les samares ont des ailes de 2,5 cm environ (ci-contre).Les fll. (p. 45) sont semblables à celles de *A. platanoides,* mais le liquide du pétiole est clair et non laiteux. La base de la fll. est généralement moins cordiforme que montré ici. Ses couleurs automnales en font le plus spectaculaire des érables américains, les teintes allant du cramoisi à l'orange et au jaune.

Acer sempervirens L.
Originaire de Méditerranée orientale, c'est ailleurs un arbre de collection. Souvent arbustif, il peut parfois atteindre 9-10,50 m de haut. Les fl. sont vert-jaune, en grappes de 2,5 cm de long, s'ouvrant en avril. Les samares ont des ailes de 1 cm, presque parallèles. Les fll. (p. 43) demeurent sur l'arbre tout l'hiver.

Erable bâtard

Acer spicatum Lam.

Petit arbre parfois buissonnant, originaire de l'E. de l'Amérique du N., il orne parfois les parcs. Sa hauteur maximum est de 7,50 m. Les fl. (extrême gauche) s'ouvrent en juin en épi dressé de 7,5-15 cm (les fl. mâles au sommet, les femelles plus bas). Les samares (ci-contre) ont des ailes de 1 cm, rouges et jaunes, brunissant à l'automne. Les fll. (p. 45), généralement à 3 mais parfois à 5 lobes, sont pubescentes en dessous et généralement moins cordiformes à la base que celles montrées ici. Elles se teintent d'orange, de jaune et de rouge à l'automne. L'écorce est lisse, brun rougeâtre.

Acer tataricum L.
Originaire du S.-E. de l'Europe et d'Asie occidentale, c'est ailleurs un arbre de collection. Il peut atteindre 9 m de haut comme être simple buisson. Les fl. (extrême gauche) s'ouvrent en groupes dressées fin mai pour se transformer en samares rouges (ci-contre) à ailes de 2,5 cm. Les fll. (p. 39) ont 3 ou 5 lobes chez les jeunes sujets (ils disparaissent ensuite) et des nervures pubescentes en dessous. A l'automne, elles se teintent de jaune et tombent tôt.

Acer velutinum Boiss. var. *vanvolxemii* (Mast.) Rehd.
Originaire du Caucase, on le trouve dans les collections. Il peut atteindre 22 m. Les fl. (extrême gauche) apparaissent fin mai en grappes dressées de 7,5-10 cm de long.
Les samares (ci-contre) sont pubescentes, les fll. (p. 45) sont semblables à celles de *A. pseudoplatanus* mais plus grandes (jusqu'à 20 cm), à pédoncule plus long (jusqu'à 22 cm). Les nervures ont des poils bruns en dessous.

Acer × *zoeschense* Pax
Hybride horticole entre *A. campestre* et *A. lobelii* ou *A. cappadocicum*. Il peut atteindre 15 m de haut. Les fl. (extrême gauche) s'ouvrent en mai en grappes dressées larges de 5 cm. Les samares (ci-contre) ont des ailes souvent teintées de rose, longues de 2 cm, de même forme que celles de *A. campestre*. Les fll. (p. 45) sont d'un vert vif brillant, avec des touffes de poils aux aisselles des nervures en dessous et des pétioles rouges.

Aesculus, famille des Hippocastanacées, **marronnier**
Arbres à fll. cad. constituées de folioles convergeant vers un même point et de fl. en denses colonnes dressées ou thyrses.

Aesculus californica (Spach) Nutt.
Originaire de Californie, il est cultivé comme arbre d'ornement dans l'O. de l'Amérique du N. et certaines régions d'Europe. Il peut atteindre 6-9 m. Les fl. odorantes, rose pâle ou blanches (ci-contre), s'ouvrent de juin à octobre en grappes de 15-20 cm de long. Les étamines émergent de 1 cm de la fleur, donnant à la grappe une délicate apparence ébouriffée. Mûrs en octobre, les fr. asymétriques (extrême droite), de 5-7,5 cm, libèrent les « marrons » bruns et brillants
Les fll. (p. 51) sur des pétioles de 1-2,5 cm comptent 5, parfois 7, folioles. Elles tombent tôt sans changer de couleur.

Marronnier à fleurs rouges

Aesculus × carnea Hayne
Cet hybride entre *A. hippocastanum* et *A. pavia* est cultivé dans toute l'Europe pour ombrager avenues, parcs et jardins. Il peut atteindre 18-25 m de haut mais est fréquemment plus petit. Les fl. rouges (ci-contre) s'ouvrent en mai en grappes de 12-20 cm de long et se transforment en fr. (extrême droite) plus petits que ceux de *A. hippocastanum,* peu ou point hérissés. Ils s'ouvrent en octobre, libérant 2 ou 3 marrons bruns. Les fll. (p. 52) sont vert foncé, souvent gaufrées, à 5 — parfois 7 — folioles presque sessiles.
Aesculus × carnea cv. 'Briotti' a des grappes de fl. pourpre foncé ou rouge foncé violacé (ci-dessous gauche) de 15 cm de long. Les fll. sont d'un vert plus foncé et luisantes.

Aesculus flava Soland., synonyme *A. octandra* Marsh.
Originaire du S.-E. des Etats-Unis, il pousse sur les berges des cours d'eau et les pentes des montagnes et peut atteindre 15-27 m de haut. Son bois sert à la fabrication de pâte à papier et de membres artificiels. Il est cultivé dans les parcs et jardins en Europe et dans les Etats orientaux d'Amérique. Les fl. (extrême droite) apparaissent en mai et juin, parfois roses, souvent jaunes, en grappes étroites de 10-15 cm de long. Le fr. est lisse et sphérique (5-6 cm), contenant généralement 2 « marrons » bruns. Les fll. (p. 51), à 5 ou 7 folioles, se teintent de jaune à l'automne (p. 188).

Aesculus glabra Willd.
Originaire du centre et du S.-E. des Etats-Unis, il est cultivé dans les collections et les parcs de l'E. de l'Amérique du N. et en Europe. Il peut atteindre 21 m mais mesure généralement la moitié de cette taille. Les fl. s'ouvrent en avril-mai en épis vert jaunâtre de 10-18 cm de long. Ci-contre, c'est la variété *sargentii* qui est représentée. Les fr., épineux, longs de 2,5-5 cm, contiennent généralement 2 graines brunes. Les fll. (p. 51), sur de courts pétioles, sont formées de 5 folioles. L'écorce (extrême droite) est rugueuse, gris foncé et squameuse. C'est le seul marronnier américain qui ait des fr. épineux.
Aesculus glabra var. *sargentii* Rehd. est indigène dans le Missouri, le Kansas, l'Ohio et le Mississippi. Il diffère du type en ce que ses fll. comptent plus de folioles, qui sont plus étroites et plus effilées, à marges plus découpées (cf. photographie des fleurs, ci-contre).

Marronnier d'Inde

Aesculus hippocastanum L.
Originaire du N. de la Grèce et d'Albanie, il est depuis longtemps cultivé à travers l'Europe dans les rues, les jardins et les parcs pour la plus grande joie des enfants qui ramassent ses marrons. Il peut dépasser 30 m de haut. Les fl. sont blanches, tachées de jaune virant au rouge à la base des pétales, en thyrses de 30 cm de long (ci-contre). Les fr. (extrême droite), de 6 cm environ de diamètre, portent des épines acérées et s'ouvrent en octobre pour libérer 1 ou 2 de ces marrons bruns et brillants bien connus. Les fll. (p. 52) comptent 7, parfois 5, larges folioles sessiles. L'écorce (p. 216) brun rougeâtre ou grisâtre, s'exfolie en larges plaques.
A. hippocastanum cv. 'Baumannii' a des fl. doubles et durables qui ne produisent pas de fr. C'est un arbre apprécié pour la décoration de jardins.

Aesculus indica (Camb.) Hook.
Originaire du N.-E. de l'Himalaya, il est cultivé dans les parcs et les jardins pour sa grande valeur décorative. Il atteint 30 m de haut. Les fl. (ci-contre) s'ouvrent en mai et juin en panicules de 10-15 cm de long, deux ou trois fois plus larges. Les étamines émergent des fl. entièrement roses ou aux pétales supérieurs jaunes ou rouges. Les fr. (extrême droite), à paroi lisse, renferment 2 ou 3 graines ridées. Les fll. (p. 52) comptent 7, parfois 5 ou 9, folioles pétiolées. L'écorce est lisse, gris rougeâtre chez les vieux sujets, gris verdâtre chez les jeunes.
A. indica cv. 'Sydney Pearce' a des fll. plus foncées, des fl. plus grandes (2,5 cm) en panicules de 30 cm de long. Chaque fl. est rose pâle ou blanche, piquée de jaune et de rouge.

Pavia

Aesculus pavia L.
Petit arbre originaire du S.-E. des Etats-Unis, il est bien connu comme parent de *A.* × *carnea*. C'est le plus souvent un arbuste mais en tant qu'arbre il peut atteindre 6 m de haut. Les fl. (ci-contre) s'ouvrent en juin sur des épis de 15 cm de long. Le fr. lisse, ovale, contient 1-2 graines mûres en août. Les fll. (p. 52) sont composées de 5-7 folioles courtement pétiolées, rougissant à l'automne (extrême droite)

Aesculus turbinata Blume
Ce grand arbre originaire du Japon ressemble à *A. hippocastanum* mais sa croissance est plus lente, ses fll. plus grandes et rugueuses, ses fr. ne sont ni épineux ni ovales (extrême droite). Les fl. (ci-contre) s'ouvrent 2-3 semaines après celles de *A. hippocastanum.* Les fll. (p. 52), à 7 folioles sessiles, portent des touffes de duvet orange aux aisselles des nervures, en dessous. Elles brunissent et tombent tôt à l'automne. L'écorce est lisse, avec quelques larges craquelures, blanches chez les jeunes sujets.

Ailante, faux vernis du Japon

Ailanthus altissima (Mill.) Swingle, famille des Simaroubacées
Originaire de Chine, il est aujourd'hui largement planté en Europe et en Amérique centrale comme arbre d'ornement, spécialement dans les villes. Sa propension à émettre des rejets et des sauvageons le fait souvent considérer comme une « mauvaise herbe ». Il peut atteindre 30 m. Fl. mâles et femelles s'ouvrent en juin-août sur des sujets distincts (les fl. mâles sont photographiées à l'extrême gauche). Les arbres femelles produisent de grosses grappes de fr. (ci-contre) qui mûrissent entre juillet et septembre. Chaque graine ailée mesure 3,7 cm environ et la grappe 30 cm. Les fll. (p. 58) peuvent atteindre une taille considérable (jusqu'à 1 m chez les jeunes sujets vigoureux). Chaque foliole a 1-3 dents de chaque côté.

Arbre à la soie

Albizia julibrissin (Willd.) Durazz., famille des Légumineuses
Originaire d'Asie occidentale, il est largement planté pour son ombrage en Europe et en Chine, là où il n'y a pas de risques de grosses gelées. A Paris, par exemple, il peut résister plusieurs années en plein air à bonne exposition. Il peut atteindre 12 m. Les fl. aux couleurs vives (ci-contre) s'ouvrent en juin-juillet, leurs longues étamines leur donnant l'apparence d'une brosse douce. Les gousses (7,5-15 cm de long) se resserrent entre chaque graine.

Alnus, famille des Bétulacées, **aune.** Arbres et arbustes à fll. cad. Les organes mâles et femelles sont séparés sur un même sujet : les mâles en longs chatons pendants produits au début de l'hiver et libérant leur pollen au printemps, les femelles en tout petits chatons produits au printemps et se développant en « cônes » verts puis ligneux.

Aune de Corse

Alnus cordata Desf.
Originaire de Corse et d'Italie méridionale, il est cultivé dans les parcs et les jardins. Il atteint 15 m de haut. Les chatons mâles peuvent atteindre 7,5-10 cm de long et libèrent leur pollen entre février et avril (extrême gauche) au moment de la production des minuscules fl. femelles rouges. Les fr. (ci-contre) sont beaucoup plus longs que chez les autres aunes (2,5 cm). Les fll., à 5-6 paires de nervures, sont finement dentées, vert foncé luisant, avec des touffes de poils aux aisselles des nervures en dessous (p. 39). L'écorce est lisse, grise, parsemée de lenticelles et de courtes craquelures verticales.

Aune glutineux, verne, vergne

Alnus glutinosa (L.) Gaertn.
Originaire d'Europe, d'Asie occidentale et d'Afrique du Nord, il pousse à l'état sauvage dans les terrains humides et au bord des cours d'eau. Il est peu cultivé sinon comme arbre d'ornement en Amérique du N. Il peut dépasser 19 m de haut. Les chatons mâles (extrême gauche) libèrent leur pollen début mars, quand ils mesurent 5-10 cm de long. Les femelles (extrême gauche également) mesurent 0,5 cm de long, les fr. (ci-contre), 1-2 cm, deviennent ligneux au cours de l'hiver, comme il est montré sur la photographie représentant les fl. Les fll. (p. 39) sont arrondies, échancrées au sommet, à 7 paires de nervures, chacune portant de longues touffes de poils aux aisselles, en dessous. L'écorce (p. 216) brun foncé se fissure rapidement en plaques épaisses.
A. glutinosa cv. 'Imperialis' est profondément incisé en lobes étroits. Il croît dans les jardins où il n'atteint jamais une grande taille.

Aune blanc, aune de montagne

Alnus incana (L.) Moench
Originaire d'Europe et du Caucase (en France, dans les Alpes), il se distingue de *A. glutinosa* par ses fll. grises, pointues. Les fl. (extrême gauche) s'ouvrent fin février, les mâles de 5-10 cm de long, les femelles beaucoup plus petites, se développant en fr. verts (ci-contre) de 1 cm de long. Les fll. (p. 34), à 9-12 paires de nervures pubescentes, sont grisâtres en dessous. L'écorce est gris foncé, couverte de pores et de quelques longues craquelures.

Alnus rubra Bong.
Originaire de l'O. de l'Amérique du N., de l'Alaska à la Californie et l'Idaho. Les Indiens d'Alaska en creusaient les troncs pour fabriquer leurs canots. Aujourd'hui, on en fait des meubles et du papier. C'est un arbre de 12-15 m. Les chatons mâles ont 10-15 cm de long quand ils libèrent leur pollen en avril (extrême gauche). Les femelles se développent en fr. de 1-2 cm de long (ci-contre). Les fll. (p. 34) ont 10-15 paires de nervures souvent couvertes en dessous d'un duvet orange. L'écorce, gris argent dans son habitat naturel, est généralement gris foncé en culture.

Amelanchier laevis Wieg., famille des Rosacées
Petit arbre à fll. cad., originaire de l'E. de l'Amérique du N., il n'atteint que 12 m mais produit de délicates grappes de fl. blanches et odorantes en avril-mai (ci-contre) parmi les fll. naissantes. Les fr. (extrême droite) mûrissent en juillet et août, de rouges à pourpre foncé, de 0,5 cm de diamètre. Les fll. (p. 37) se teintent de rouge vif à l'automne.

Angélique épineuse, bâton du diable, massue d'Hercule

Aralia spinosa L., famille des Araliacées
Petit arbre très caractéristique, originaire du S.-E. des Etats-Unis, il est rarement cultivé et mesure 9 m environ. Les fl. petites, blanches, s'ouvrent en août en grappes nombreuses formant d'énormes panicules (jusqu'à 1-1,2 m de long). Les fr. petits, ronds, noirs et charnus, mûrissent en octobre. Les fll. sont très grandes (p. 59) — 1-1,2 m de long sur 0,7 m de large — chaque foliole courtement pétiolée (d'autres espèces ont des folioles sessiles). Les tiges (ci-contre) portent des épines acérées. Les baies et l'écorce des racines contiennent un stimulant utilisé en médecine.

Araucaria du Chili, désespoir des singes

Araucaria araucana (Mol.) K. Koch, famille des Araucariacées
Ce grand conifère (jusqu'à 30 m) à fll. persist. originaire du Chili et d'Argentine est cultivé comme arbre d'ornement en Europe et en Amérique du N. Fl. mâles et femelles (ci-contre) naissent sur des sujets distincts, uniquement à l'extrémité des rameaux : les mâles (10 cm de long) libèrent leur pollen en juillet ; les femelles sont solitaires, dressées et vertes. Elles se développent en cônes de 10-17 cm de long, verts au début, brunissant à maturation, à leur second automne. Les graines sont consommées comme dessert en Amérique du S. et c'est précisément en en glissant quelques-unes dans sa poche, lors d'un banquet, que Menzies permit l'« exportation » de l'espèce. Le feuillage (p. 13) est composé d'épaisses « écailles » vert foncé, à l'extrémité acérée. L'écorce (p. 216) est grise et ridée, marquée d'anneaux constitués par les cicatrices des vieilles branches.

Arbutus, famille des Ericacées, **arbousier**
Arbres à fll. persist., vert foncé et luisantes, à grappes de fl. en clochettes.

Arbousier andrachne

Arbutus andrachne L.
Originaire de Méditerranée orientale, c'est un arbre de 9-12 m. Les fl. (extrême gauche) s'ouvrent fin mars, début avril, en panicules de 5-10 cm de large (0,5 cm chacune). Les fr. sont ronds, de 1 cm de diamètre, lisses, rouge orangé. Les fll. (p. 27) sont entières à l'âge adulte mais les jeunes qui croissent sur des pousses vigoureuses sont dentées. L'écorce (ci-contre) est rougeâtre et s'exfolie.

Arbutus × andrachnoides Link.
Cet hybride résulte d'un croisement naturel entre *A. andrachne* et *A. unedo*. Il pousse à l'état sauvage en Grèce. C'est un arbre de 6-9 m de haut. Les fl. blanches (extrême gauche) naissent à la fin de l'automne en grappes spiciformes de 7 cm de long et se développent en fr. (ci-contre). Les fll. (p. 16) sont dentées, sur des pétioles rouge foncé. L'écorce est rouge foncé, le brun s'exfoliant en minces écailles et révélant dessous des zones plus pâles.

Arbutus menziesii Pursh.
Originaire de l'O. de l'Amérique du N., de la Colombie britannique à la Californie, il est dédié à A. Menzies qui le découvrit et le décrivit en 1792. Il est cultivé dans les jardins d'Europe occidentale et méridionale. Dans son habitat naturel, c'est un arbre de 30 m mais qui dépasse rarement 6-9 m en culture. Les fl. (extrême gauche), de 0,5 cm chacune, s'ouvrent en mai en grappes dressées de 7,5-23 cm de long. Les fr. orangés, de 1 cm de diamètre environ, apparaissent en grappes de 12-15. Les fll. sont dentées sur les pousses vigoureuses, mais entières sur les rameaux adultes (p. 27). L'écorce (ci-contre) s'exfolie, révélant un bois lisse, rose orangé, qu'on utilisait pour le tannage du cuir.

Arbousier commun, arbre aux fraises

Arbutus unedo L.
Indigène en Europe méridionale, c'est en France un arbrisseau de 3-5 m de haut. Les fl. (extrême gauche) et les fr. (ci-contre) des fl. précédentes sont produits ensemble à la fin de l'automne. L'arbre doit son nom à la forme en fraise des fruits. Les fl., de 0,5 cm de long, souvent rosâtres, forment des grappes pendantes de 5 cm de long. Le fr. a 2 cm de diamètre. Les fll. se sont dentées (p. 26). L'écorce, moins décorative que chez les autres espèces, se desquame en écailles brunes avec l'âge.

Asimia triloba (L.) Dun., famille des Annonacées
Cet arbre de 10,5-12 m originaire de l'E. des Etats-Unis reste chez nous un arbuste de 2-5 m seulement. S'il porte dans son habitat naturel le nom de « papayer », il ne s'agit néanmoins pas de l'espèce qui fournit le fr. bien connu *(Carica papaya)*. Les fl. (à droite), de 2,3-3,7 cm de diamètre, apparaissent en juin avant les fll. Le fr. (5-7 cm de long) est cylindrique, comestible, jaune verdâtre puis brun. Les fll. sont montrées en page 28.

Athrotaxis, famille des Taxodiacées. Il s'agit de conifères à fll. persist. en forme d'écailles. Les organes mâles et femelles sont situés sur des fl. séparées, sur un même sujet. Les fr. sont de petits cônes.

Athrotaxis cupressoides D. Don
Originaire de Tasmanie, à des altitudes de 900-1 200 m, il est rustique dans le midi et l'O. de la France et cultivé dans les collections. C'est un arbre de 6-15 m. Fl. mâles et femelles (extrême gauche) apparaissent en mars, les mâles libérant leur pollen, les femelles se développant en cônes verts (ci-contre) de 1 cm de diamètre, virant au brun orangé en octobre-novembre. Le feuillage (p. 11) est constitué d'« écailles » appliquées contre le rameau, de 0,3 cm de large. A comparer avec les cyprès *(Cupressus).*

Athrotaxis laxifolia Hook.
Originaire de Tasmanie, son feuillage est d'apparence intermédiaire entre les 2 autres *Athrotaxis* de cette page. Il réussit mieux en culture et peut alors atteindre 12-21 m de haut. Les fl. (extrême gauche) s'ouvrent en mars, les mâles, minuscules, groupées à l'extrémité des rameaux, les femelles groupées ou solitaires donnant des cônes spiciformes vert-jaune vif (ci-contre) devenant brun orangé à maturation en octobre et larges de 2 cm. Les fll. (p. 11), de 0,4-0,6 cm, s'écartent largement du rameau en pointes aiguës. L'écorce, brun orange foncé, se fissure et s'exfolie en lamelles.

Athrotaxis selaginoides D. Don
C'est le plus grand des *Athrotaxis.* En Tasmanie, dont il est originaire, c'est une espèce forestière importante qui produit un bois sombre et solide, comparable au séquoia. Il peut atteindre 27 m. Les fl. (extrême gauche) s'ouvrent en mars, les mâles libérant leur pollen. Les femelles, minuscules, se développent en cônes brun orangé, par paires, de 2,5 cm de large. Le feuillage (p. 11) est constitué de fll. très pointues, de 1,2 cm de long, vert vif et rayées de 2 bandes blanches sur la face interne. L'écorce, rouge orangé foncé, se fissure et se desquame.

Cèdre du Chili

Austrocedrus chilensis (D. Don) Florin & Boutelje, synonyme *Libocedrus chilensis* (D. Don) Endl., famille des Cupressacées
A fll. persist., originaire du Chili et d'Argentine, c'est ailleurs un arbre de collections botaniques (24 m de haut). Fl. mâles et femelles naissent sur un même sujet, les mâles (ci-contre), de 0,3 cm, libérant leur pollen en mars. Les femelles donnent des cônes (extrême droite) de verts à bruns à maturation, longs de 0,8 cm, à 4 écailles. Le feuillage (p. 11) est typique avec ses fll. ou écailles aplaties, marquées de blanc dessous. L'écorce brun foncé s'écaille en plaques courbes.

Betula, famille des Bétulacées, **bouleau, boulard.** Arbres et arbustes à fll. cad., à chatons mâles et femelles sur un même sujet — les mâles à l'automne, se développant au printemps suivant pour libérer leur pollen, les femelles plus petits et plus minces, en groupes, au-dessus des mâles.

Betula coerulea-grandis Blanch.
Originaire de l'E. de l'Amérique du N., de la Nouvelle-Ecosse au Vermont. Dans son habitat naturel c'est souvent un arbuste mais il peut atteindre 9 et même 18 m en culture. Les fl. (extrême gauche) s'ouvrent en mai, les chatons mâles longs de 3-5 cm, les femelles de 0,8 cm. Les fr. sont réunis en un cylindre (ci-contre) de 2,5 cm de long environ, similaire à un chaton mais qui se désarticule en septembre libérant de petites samares à aile membraneuse. Les fll. (p. 38) sont vert bleuâtre. L'écorce (p. 216) blanc rosé ne s'exfolie pas.

Bouleau merisier

Betula lenta L.
Ce grand bouleau est originaire de l'E. de l'Amérique du N. où son bois sert à la fabrication de parquets, meubles et parfois bateaux. De l'écorce et du bois on extrait par distillation du salicylate de méthyle que l'on détecte à l'odeur lorsqu'on froisse les rameaux. C'est un arbre de 21-24 m. Les fl. (extrême gauche) s'ouvrent en mai, les mâles sont disposés sur des chatons longs de 5-7,5 cm au moment où elles libèrent leur pollen, les femelles se muant en « chatons » dressés et sessiles à maturation (ci-contre) de 2,5 cm × 1,2 cm, qui se désarticulent en septembre-octobre. L'écorce très sombre est écailleuse mais ne s'exfolie pas. Les fll. (p. 38) sont un peu velues sur les nervures.

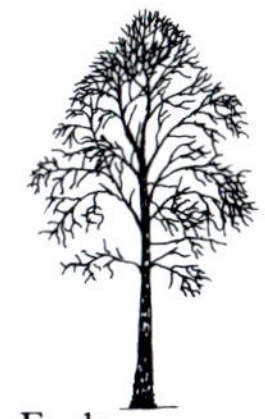

Bouleau jaune

Betula lutea Michx.
Ce grand arbre originaire du N.-E. de l'Amérique du N. y est utilisé dans la fabrication de parquets, meubles et boîtes. Froissés les rameaux émettent une légère odeur de salicylate de méthyle. Sauvage, il peut atteindre 30 m. Les fl. (extrême gauche) s'ouvrent en mai, les chatons mâles de 7,5-10 cm de long, les femelles de 1,2-2 cm de long se développant en chatons fructifères (ci-contre) de 2,5-3,7 cm de long, plus gros que ceux de *B. lenta* et duveteux. Les fll. (p. 38) ont des nevures velues en dessous et virent au jaune clair à l'automne. L'écorce est jaune paille, les couches externes s'exfoliant.

Betula nigra L., synonyme *B. rubra* Michx.
Originaire de l'E. des Etats-Unis, il pousse sur les rives humides des cours d'eau. Il est cultivé comme arbre d'ornement dans les Etats du N. C'est un arbre de 24-27 m, dont le tronc se divise généralement assez bas en 2 ou 3. Les fl. s'ouvrent fin avril, les chatons mâles de 5-7,5 cm de long, les femelles de 0,8 cm. Les chatons fructifères longs de 2,5-3,7 cm sont velus, dressés sur de courts pédoncules. Ils mûrissent et se désarticulent en juin, ce qui permet aux graines de germer sur les rives au moment de l'étiage des cours d'eau. Les fll. sont doublement dentées (p. 38), presque lobées et velues sur les nervures, en dessous. L'écorce (ci-contre) très foncée s'exfolie en lamelles.

Betula occidentalis Hook.
Originaire de l'O. de l'Amérique du N., il est plutôt arbustif, formant des fourrés au bord des cours d'eau. Cet arbre de 6-7,5 m est également arbustif en culture. Les fl. (extrême gauche) s'ouvrent en avril, les chatons mâles longs de 5 cm, les femelles de 0,8 cm, se muant à maturation en chatons fructifères sessiles, dressés, de 2,5-3,7 cm de long, très légèrement velus, libérant leurs graines en septembre. Les fll. (p. 38) vert foncé, glabres, à 3-5 paires de nervures seulement, sont arrondies ou légèrement en cœur à la base. Jeunes, fll. et pousses sont un peu glutineuses. L'écorce (ci-contre) luisante, d'un brun foncé presque noir, ne s'exfolie pas.

Bouleau à canots,
bouleau à papier

Betula papyrifera Marsh.
Indigène dans tout le Canada et le N. des Etats-Unis, cet arbre de grande taille — 18-21 m — à l'écorce imperméable était utilisé par les Indiens pour la fabrication de leurs canots, et plus tard comme bois à tourner ou de chauffage. Aujourd'hui c'est un arbre d'ornement. Les fl. (extrême gauche) s'ouvrent en mars-avril, les chatons mâles de 10 cm de long, les femelles de 2,5-3 cm. Les chatons fructifères longs de 3,7 cm pendent au bout de minces pédoncules. L'écorce (ci-contre) blanc crème s'exfolie en lamelles révélant la jeune écorce orangée. Sur les vieux sujets elle s'assombrit, se craquelle et s'écaille. Les fll. (p. 38) velues, à quelques glandes noires sur la face inférieure, jaunissent à l'automne (p. 77).

Bouleau d'Europe

Betula pendula Roth
Originaire d'Europe et d'Asie Mineure, il est planté en Europe et en Amérique du N. pour l'élégance de son port pleureur, pour protéger les jeunes arbres dans les plantations forestières, ainsi que pour la fabrication de contre-plaqué. C'est un arbre de 12-18 m, parfois plus. Les chatons (extrême gauche) s'ouvrent fin mars début avril, les mâles de 3 cm de long, les femelles de 1,2-2 cm se muant à maturation en chatons fructifères de 2,5-3 cm qui se désarticulent en fin d'automne début d'hiver. Les fll. (p. 38), glabres, sont triangulaires, arrondies à la base. L'écorce (ci-contre) est blanche, marquée de fines lignes horizontales et de grandes craquelures sombres en forme de losanges ; chez les vieux sujets la base est marquée d'arêtes et de profondes fissures. Les jeunes pousses sont glabres, ce qui distingue ce bouleau des autres.

Bouleau blanc

Betula populifolia Marsh.
Originaire de l'E. de l'Amérique du N., il est souvent utilisé pour le reboisement car il sert de protection aux jeunes espèces implantées ultérieurement. C'est un arbre de 6-12 m. Les chatons (extrême gauche) s'ouvrent début avril, les mâles de 6-10 cm, les femelles de 1,2 cm environ sur de courts pédoncules. Les chatons fructifères (ci-contre), longs de 2 cm, sont velus et pendants. Les fll. (p. 38) virent au jaune pâle à l'automne. L'écorce est blanc crème, similaire à celle de *B. papyrifera* mais ne s'exfoliant pas aussi rapidement. Craquelures et marques triangulaires foncées couvrent le tronc.

Bouleau pubescent

Betula pubescens Ehrh.
Originaire d'Europe et d'Asie septentrionale, cette espèce autrefois classée par Linné comme *B. pendula* en diffère par ses branches non pendantes, son écorce plus foncée et ses jeunes pousses pubescentes. Il est souvent planté pour protéger d'autres espèces délicates. Avec son bois on fait de la pâte de bois et du contreplaqué. L'écorce servait autrefois en Scandinavie à recouvrir les toits et l'huile aromatique tirée des rameaux et de l'écorce sert aujourd'hui à traiter le cuir. Il peut atteindre 21 m. Les chatons (extrême gauche) s'ouvrent en avril, les mâles de 3 cm, les femelles de 1,2-2 cm mûrissant en chatons fructifères de 2,5-3 cm (ci-contre). Les fll. (p. 38) aux nervures pubescentes en dessous ont souvent une surface rugueuse quand elles sont jeunes. L'écorce est blanche, s'exfoliant, marquée de lignes horizontales et de cicatrices de branches mais sans craquelures losangiques (p. 217).

Betula utilis D. Don
Originaire de Chine et de l'Himalaya, il est cultivé principalement dans les jardins botaniques. Cet arbre de 18 m de haut environ peut être presque deux fois aussi large. Les chatons (extrême gauche) sont ouverts fin avril, les mâles longs de 5 cm, les femelles de 1,2 cm sur des pédoncules de même longueur, mûrissant en chatons fructifères de 3,7 cm de long. Les fll. (p. 38) ont des pétioles pubescents et généralement 9-12 paires de nervures pubescentes. L'écorce est blanche, tavelée de gris ou de brun orangé et s'exfolie (ci-contre).

Mûrier à papier

Broussonetia papyrifera (L.) Vent., famille des Moracées
Originaire de Chine et du Japon, il est actuellement largement cultivé en Orient où son écorce sert à fabriquer du papier. On en tirait aussi une très belle fibre textile mais c'est plutôt aujourd'hui un arbre d'ornement dans l'Asie orientale, l'Europe et l'E. de l'Amérique du N. Il peut atteindre 15 m mais c'est plus souvent un arbuste arrondi. Les fl. (ci-contre) s'ouvrent en mai, mâles et femelles sur des sujets distincts Les chatons mâles, longs de 3,7-7,5 cm, sont très velus, souvent enroulés ; les femelles sphériques, de 1,2 cm de diamètre environ. Les fr. (extrême droite) de 2,5 cm de diamètre environ, tombent en septembre-octobre. Les fll. (p. 39) sont rugueuses et laineuses. A comparer avec les vrais mûriers *(Morus)*.

Buxus, famille des Buxacées, **buis.** Arbres et arbustes à fll. persist. opposées et coriaces. Fl. mâles et femelles sont groupées sur un même sujet en grappes contractées (glomérules).

Buis de Mahon

Buxus balearica Lam.
Originaire des îles Baléares et du S.-E. de l'Espagne, il croît bien dans les jardins d'Europe méridionale, plus rarement ailleurs. Il peut atteindre 10 m mais est souvent plus petit et arbustif. Les fl. (extrême gauche), de 1,2 cm, s'ouvrent en mai, les mâles groupées autour des femelles qui sont difficiles à voir. Les fr. (ci-contre) sont des capsules à 3 loges (à 2 cornes chacune), de 1,2 cm environ, verts au début, brunissant et devenant ligneux ensuite. Ils tombent de l'arbre en août/septembre et s'ouvrent pour libérer leurs graines. Les fll. (p. 32) sont plus grandes, d'un vert plus vif et plus plates que celles de *B. sempervirens.*

Buis commun

Buxus sempervirens L.
Originaire d'Europe, d'Afrique du N. et d'Asie occidentale, c'est le type même d'arbuste ou de petit arbre (4,5-6 m) pour jardins à la française. Son bois, extrêmement dur, est très recherché pour la tabletterie. Un extrait médicinal sert à purifier le sang. Les fl. (extrême gauche) s'ouvrent en mars-avril, les mâles groupées autour des femelles. Les fr. (ci-contre) sont des capsules de 0,8 cm de long environ, à 3 doubles cornes. Ils s'ouvrent et libèrent leurs graines en septembre. Les fll. (p. 32) sont plus foncées que celles de *B. balearica* et souvent échancrées à l'extrémité. Les nombreuses variétés horticoles diffèrent du type par la grosseur et la forme des fll. ainsi que par leur rythme de croissance.

Libocèdre

Calocedrus decurrens (Torr.) Florin, synonyme de *Libocedrus decurrens* Torr., famille des Cupressacées
Originaire de Californie et d'Oregon, il est planté comme arbre d'ornement en Europe et dans le centre et l'E. des Etats-Unis. S'il mesure quelque 30 m dans son habitat naturel, il peut atteindre jusqu'à 45 m en culture. Sa cime est généralement colonnaire. Les fl. (ci-contre) apparaissent en janvier, les mâles de 0,6 cm teintant de jaune d'or la moitié supérieure de l'arbre ; les femelles, moins évidentes, ressemblent plus à des prolongements du feuillage. Elles se développent en fr. jaune d'or (extrême droite), de 2-2,5 cm, s'ouvrant pour libérer leurs graines en septembre/octobre. Le feuillage (p. 10) est composé de toutes petites « écailles » étroitement appliquées sur les rameaux. L'écorce est brun-rouge, inégale et squameuse.

Carpinus, famille des Carpinacées, **charme**
Arbres à fll. cad., à fl. mâles et femelles en chatons distincts sur un même sujet. Contrairement à *Betula* et *Alnus,* les chatons restent en bouton pendant l'hiver pour éclore au printemps. Chaque fr. est entouré d'un involucre foliacé très évident.

Charme, faux bouleau

Carpinus betulus L.
Originaire d'Asie Mineure et d'Europe (en France surtout dans l'E. et le Centre), il est également cultivé en Amérique du N. pour haies, parcs, avenues, etc., et pour son bois dur dont on fait maillets, quilles et certaines parties mobiles des mécanismes de pianos. Il peut atteindre 19 m. Les fl. (extrême gauche) s'ouvrent en mars, les chatons mâles de 3,7 cm de long, les femelles plus petites, à l'extrémité des pousses. Les chatons fructifères (ci-contre) peuvent atteindre 7,5 cm et brunissent en novembre. Les fll. (p. 33) virent au vieil or à l'automne. L'écorce (p. 217) est brune rayée de gris, sillonnée verticalement ou cannelée.

Charme d'Amérique

Carpinus caroliniana Walt.
Originaire de l'E. de l'Amérique du N. et d'Amérique centrale, son bois est utilisé pour la fabrication de petits objets (manches d'outils). Il peut atteindre 12 m. Les fl. (extrême gauche) émergent en avril, les chatons mâles de 2,5-3,7 cm, les femelles de 1,2-2 cm à l'extrémité des pousses. Les chatons fructifères (ci-contre) peuvent mesurer 12,5 cm de long. A l'automne, l'involucre devient brun et parcheminé et le fr. tombe de l'arbre. Les fll. (p. 33) sont plus effilées à l'extrémité que chez *C. betulus,* virant à l'orange et au rouge à l'automne. L'écorce est lisse, grise et cannelée.

Charme du Japon

Carpinus japonica Blume
Originaire du Japon, il est cultivé comme arbre d'ornement et dans les collections botaniques. C'est un arbre de 12-15 m. Les fl. (extrême gauche) s'ouvrent en avril, les chatons mâles de 2,5-5 cm, les femelles, à l'extrémité des jeunes pousses, de 1,2 cm. Les chatons fructifères (ci-contre), de 5-6 cm, à bractées dentées incurvées vers l'intérieur, virent du vert au rosâtre et enfin au cramoisi à l'automne. Les fll. (p. 33), à nombreuses nervures, sont plus longues et plus foncées que celles de *C. betulus.* L'écorce est lisse, grise rosâtre ou foncée rayée de clair.

Carya, famille des Juglandacées, **noyer d'Amérique.** Grands arbres à fll. cad., à fl. mâles et femelles sur un même sujet, les mâles en chatons groupés par 3, les femelles en grappes maigres. Le fr. est une noix dont le brou durcit en mûrissant. Les fll. ont des folioles disposées par paires, les inférieures étant plus courtes que les autres.

Noyer dur

Carya cordiformis (Wangenh.) K. Koch
Originaire de l'E. de l'Amérique du N., il est cultivé en Europe dans les collections botaniques et les grands jardins. Il se distingue des autres noyers d'Amérique par ses bourgeons hivernaux jaunes. Il peut atteindre 30 m. Les chatons mâles (ci-contre) atteignent 6-7,5 cm, libérant leur pollen fin mai début juin. Les fl. femelles sont peu visibles entre les fll. à l'extrémité des jeunes pousses. Les fr. (extrême droite) comptent 4 valves, les fll. (p. 54) 7 ou 9 folioles.

Carya glabra (Mill.) Sweet
Originaire de l'E. de l'Amérique du N., de l'Ontario à l'Alabama, il n'est guère cultivé ailleurs que dans les collections botaniques. C'est un arbre de 18-27 m. Les chatons mâles (ci-contre) se développent jusqu'à 7,5-12,5 cm, libérant leur pollen fin mai à l'apparition des fleurs femelles aux extrémités des pousses (à peine visibles sur la photo). Les fr. (extrême droite), pyriformes ou arrondis, ont 2,5 cm de long environ. Le brou, mince, s'ouvre parfois à l'automne, révélant une noix lisse. Les fll. (p. 53), à 5 folioles en général, virent au jaune et à l'orange à l'automne.

Carya laciniosa (Michx. f.) Loud.
Dans l'E. des Etats-Unis, dont il est originaire, on récolte ses noix. En Europe, c'est un arbre de collections botaniques et de jardins. Il peut atteindre 36 m. Les chatons mâles (ci-contre) atteignent jusqu'à 12,5 cm quand ils libèrent leur pollen en juin. Les fl. femelles s'ouvrent en même temps, à l'extrémité des pousses (ci-contre également). Les fr. (extrême droite) sont sphériques ou ovales, de 4,5-6,5 cm. Le brou à 4 ou 6 arêtes, teinté d'orangé, brunit à maturité. Les fll. (p. 54), à 7, parfois 5 ou 9, folioles, sont pubescentes en dessous sur des pétioles légèrement pubescents. La foliole terminale est elle-même pétiolée. L'écorce grise s'exfolie en longues plaques (1-1,2 m) qui restent pendues au tronc.

Noyer écailleux

Carya ovata (Mill.) K. Koch
Dans l'E. des Etats-Unis dont il est originaire, ses noix sont un fr. comestible très apprécié. En Europe, il est cultivé comme ornement de jardins et dans les collections botaniques. C'est un arbre de 21-27 m, quelquefois plus haut encore. Les fl. mâles (ci-contre) atteignent 7,5-12,5 cm en juin, moment auquel elles libèrent leur pollen. Les femelles sont solitaires ou par paires à l'extrémité des pousses (ci-contre également). Le fr. (extrême droite), de 2,5-5 cm, vire au brun foncé à maturation, moment auquel il s'ouvre, libérant une noix quadrangulaire blanche. Les fll. (p. 53) sont composées de 5 folioles, la terminale sur un court pétiole (ici c'est un spécimen assez grand qui a été représenté). L'écorce est grise, très inégale, s'exfoliant du tronc en lames d'au moins 30 cm de long.

Carya tomentosa (Poir.) Nutt.
Originaire de l'E. de l'Amérique du N., il est cultivé en Europe dans les collections botaniques. Il peut atteindre 30 m. Les chatons mâles (ci-contre) libèrent leur pollen en juin, moment où les fl. femelles apparaissent également à l'extrémité des pousses (non montré mais identique aux autres noyers d'Amérique). Le brou du fr. (extrême droite), qui mesure 3,7-5 cm, s'ouvre le long des sillons, libérant une noix à coque extrêmement dure contenant une amande comestible. Les bourgeons hivernaux sont plus gros (1,2-2 cm) que chez les autres espèces. Les fll. (p. 54) dégagent une odeur aromatique quand on les froisse. Les pousses sont couvertes d'un duvet laineux. L'écorce est gris foncé, sillonnée et squameuse.

Châtaignier

Castanea sativa Mill.,
famille des Fagacées
Originaire d'Europe méridionale, d'Afrique du N. et d'Asie Mineure, il est cultivé en Europe pour ses fr. comestibles et comme arbre d'ornement. Il peut atteindre 30 m de haut et son tronc 9-12 m de tour. Les fl. (extrême gauche) s'ouvrent en juin-juillet quand les chatons mâles, de 15-25 cm environ, libèrent leur pollen. Les fl. femelles (au centre de la photo d'extrême gauche) sont groupées par 5-6 à la base des courts chatons mâles non encore éclos. Certains cv. produisent des bogues rondes (ci-contre), par 1-2 (marrons), les sujets plus sauvages des noix plates, par 3-4 (châtaignes), moins savoureuses et servant de fr d'industrie. Les fll. (p. 26) virent au jaune puis au brun foncé à l'automne. L'écorce (p. 217) est brun foncé, crevassée, souvent en spirale.

Catalpa, famille des Bignoniacées. Arbres et arbustes à fll. cad., grandes, opposées, en cœur à la base, et à grappes peu denses de fl. (panicules). Les fr. sont de longues et minces gousses. Ce nom signifie « haricot indien » en cherokee.

Catalpa commun

Catalpa bignonioides Walt.
Originaire du S.-E. des Etats-Unis, il est cultivé dans les parcs et les jardins des Etats de l'E. ainsi qu'en Europe de l'O., du centre et du S. C'est un arbre de 7,50-15 m. En France les fl. (ci-contre) s'ouvrent en juillet-août, chacune de 5 cm de large en panicules de 15-20 cm de haut. Les fr. (extrême gauche) pendants, de 15-37 cm, virent au brun à l'automne et s'ouvrent au printemps suivant, libérant des graines blanches de 2,5 cm de long. Les fll. (p. 24) sont pubescentes en dessous, parfois faiblement lobées. Elles ne se déploient qu'en juin et noircissent avant de tomber, à l'automne. L'écorce est brun rosâtre ou grise, crevassée ou squameuse.

Catalpa × *erubescens* Carr., synonyme de *C. hybrida* Spaeth
Il s'agit d'un groupe d'hybrides cultivés dérivés de *C. bignonioides* et *C. ovata C.* × *erubescens* 'J.C. Teas', obtenu au départ dans l'Indiana, est la forme la plus connue de cet hybride. C'est un arbre de 14 m environ, parfois plus haut. Ses fl. odorantes (ci-contre) s'ouvrent en juillet et août, similaires à celles de *C. bignonioides* mais plus petites, en panicules un peu plus denses. Les fr. (extrême droite) sont des gousses de 40 cm mais ne contenant pas de graines. Les fll. (p. 42), pourpres au début, virant rapidement au vert vif, sont faiblement lobées ou à 5 pointes. Elles sont légèrement pubescentes en dessus et velues le long des nervures en dessous. L'écorce est gris foncé, parsemée de crêtes et de craquelures.

Catalpa ovata G. Don
Originaire de Chine, c'est ailleurs un arbre de collections botaniques, mesurant 6-9 m de haut. Les fl. (ci-contre) sont d'une couleur très spécifique. Elles s'ouvrent en juillet et août en panicules de 10-25 cm de haut, chacune de 2,5 cm de large. Le fr. (extrême droite) est une gousses de 30 cm de long. Les fll. (p. 42) sont d'un vert plus foncé et plus nettement trilobées que chez les *Catalpa* d'Amérique.

Cedrèle

Catalpa speciosa Engelm.
Originaire du centre des Etats-Unis, il est cultivé dans le Mississippi pour son bois et comme arbre d'ornement dans les Etats de l'E. et en Europe. Il peut atteindre 36 m. Les fl. (ci-contre) s'ouvrent en juin et juillet, chacune de 6 cm de large par grappes de 7-10, de 12,5-15 cm de haut. Les fr. (extrême droite), de 20-50 cm de long, s'ouvrent en début de printemps, libérant des graines brunes de 2,5 cm de long. Les fll. (p. 42) sont vert foncé, pubescentes en dessous, souvent à 3 lobes peu prononcés. L'écorce est brun rougeâtre clair, parsemée de minces écailles.

Cedrela sinensis Juss., famille des Méliacées
A fll. cad., originaire de Chine. 21 m de haut. Fl. en juin, blanches, en grappes de 30 cm de long. Fr. de 2,5 cm environ, à graines ailées. Fll. (p. 58) à 5-12 paires de folioles.

Cedrus, famille des Pinacées, **cèdres.** Conifères à fll. persist., en aiguilles groupées. Les fl. mâles, en grappes denses, apparaissent en début d'été et libèrent leur pollen à l'automne. Les femelles, petites et solitaires, apparaissent sur un même sujet, à l'automne. Il faut au moins 2 ans aux cônes pour mûrir.

Cèdre de l'Atlas, cèdre d'Algérie

Cedrus atlantica Manetti
Originaire de l'Atlas algérien et marocain, il est habituellement cultivé dans sa forme bleue. Le feuillage est vert (p. 23).
Cedrus atlantica Manetti forma *glauca* Beissn., **cèdre bleu.**
C'est la forme bleue du cèdre de l'Atlas. Il est cultivé comme arbre d'ornement dans les parcs et jardins d'Europe et d'Amérique du N. Il peut atteindre 36 m. Les fl. mâles (extrême gauche), de 2,5-5 cm de long, libèrent leur pollen fin septembre, les femelles (extrême gauche également) se développent en cônes verts, cylindriques, aplatis au sommet, de 8 cm de long, 3,7-5 cm de large, brun foncé et ligneux à maturité. Le feuillage est vert-bleu (p. 23). L'écorce est d'un gris plus pâle que chez le cèdre de l'Atlas.

Cèdre de l'Himalaya, cèdre déodar

Cedrus deodara (Roxb.) G. Don
Originaire de l'Himalaya, il est planté dans les parcs, jardins, cimetières d'Europe et d'Amérique du N., et occasionnellement pour son bois en Europe méridionale. Il peut atteindre 75 m. Les fl. mâles, vert clair, de 2-3 cm, apparaissent en cours d'été, grandissant jusqu'à 8 cm pour libérer leur pollen (extrême gauche) début novembre. Les femelles (extrême gauche également) naissent haut sur la couronne, voire pas du tout. Le cône (ci-contre), de 10 cm de haut, demeure vert 2 ans avant de devenir brun et ligneux et de libérer ses graines. Le feuillage (p. 23) est constitué d'aiguilles de 2,5-5 cm de long. Les petites branches pendent de façon typique.

Cèdre du Liban

Cedrus libani A. Richard
Originaire du Proche-Orient, il est planté comme arbre d'ornement en Europe et en Amérique du N. C'est un arbre de 24-36 m. Les infl. mâles, abondantes, de 1 cm et vert clair en été, atteignent 5 cm en novembre lorsqu'elles libèrent leur pollen (extrême gauche). Les femelles (extrême gauche également) apparaissent en novembre et se développent en cônes vert violacé (ci-contre), de 9-15 cm, à sommet déprimé. Le feuillage (p. 23) est constitué d'aiguilles vert foncé (jusqu'à 2 cm de long). Les ramures sont presque glabres.

Cèdre de Chypre

Cedrus libani var. *brevifolia* Hook.f.
Originaire des montagnes de Chypre, il y atteint environ 12 m mais peut être plus haut en culture. Les infl. (extrême gauche) sont similaires à celles des autres cèdres, les mâles se développant jusqu'à 6 cm et libérant leur pollen début novembre, les femelles apparaissent à ce moment. Les cônes (ci-contre) sont plus petits que ceux de *C. libani* (12,5 cm environ). Le feuillage (p. 21), en aiguilles très courtes (1,2 cm), est très typique.

Micocoulier de Provence

Celtis australis L.,
famille des Ulmacées.
Originaire d'Europe méridionale (en France, Provence et Languedoc) et d'Asie du S.-E., c'est un arbre d'alignement et d'ombrage dans toute l'Europe méridionale, plus rarement arbre d'ornement ailleurs car il craint les gelées. Avec son bois on fabrique de petits objets (manches d'outils) et du charbon de bois, avec son écorce une teinture jaune. C'est un arbre de 15-21 m. Les fl. (ci-contre) s'ouvrent en mai, mâles et femelles sur un même sujet, les femelles se développant en fr. comestibles (extrême droite) de 1,2 cm de diamètre, brun rougeâtre à maturité, en septembre. Les fll. (p. 25) sont rugueuses en dessus, pubescentes en dessous. L'écorce est lisse et grise, rappelant celle du hêtre.

Micocoulier du Mississippi

Celtis laevigata Willd.
Originaire du S.-E. des Etats-Unis où il est souvent planté comme arbre d'ombrage. C'est un arbre de 18-24 m. Les fl. (ci-contre) s'ouvrent en mai, mâles et femelles séparées, sur un même sujet. Le fr., de 0,6 cm de diamètre, vire de l'orange ou jaune au violacé foncé. Les fll. (p. 27) sont typiquement entières. L'écorce (extrême droite) est souvent parsemée d'excroissances verruqueuses.

Micocoulier d'Amérique

Celtis occidentalis L.
Originaire de l'E. de l'Amérique du N., arbre d'ornement et d'ombrage dans le Mississippi, l'E. des Etats-Unis et l'Europe. C'est un arbre de 9-12 m. Les fl. (ci-contre) s'ouvrent en mai, les femelles se développant en un fr. de 0,8 cm de diamètre, similaire à celui de *C. laevigata,* rouge orangé puis violet foncé à maturité. Les fll. (p. 29) sont pubescentes en dessous, sur la nervure médiane. L'écorce (extrême droite) est brun-gris et verruqueuse.

Cephalotaxux, famille des Céphalotaxées
Arbrisseaux et arbustes à fll. persist. Les fl. mâles et femelles apparaissent sur des sujets distincts. Les fr., ovales et charnus, contiennent une graine. Le feuillage est similaire à celui des *Torreya,* mais plus souple.

Cephalotaxus fortunei Hook
Originaire de Chine centrale, c'est en Europe un arbre de jardins et de collections, de 6 m en culture, souvent plus petit et buissonnant. Les fl. mâles (extrême gauche), en têtes de 0,6 cm de large, apparaissent le long de la face inférieure des pousses et libèrent leur pollen en avril et mai. Les femelles (extrême gauche) par paires, sessiles, s'ouvrent souvent en même temps. Le fr. (ci-contre) à maturation annuelle, de 3 cm de long, brunit. Le feuillage (p. 13) est constitué de longues aiguilles de 5 cm environ.

Cephalotaxus harringtonia (Forbes) K. Koch
On suppose qu'originaire de Chine il a été depuis longtemps planté au Japon. Avec une taille de 2,70 à 5 m il est plus généralement arbustif. Les fl. s'ouvrent en mai, ressemblant a celles de *C. harringtonia* var. *drupacea,* mais les têtes mâles à pédoncules plus longs (2 cm). Le fr. (ci-contre), long de 2,5 cm, passe du vert au brun en mûrissant. Les aiguilles du feuillage (p. 13) sont plus courtes que chez *C. fortunei.*

C. harringtonia var. *drupacea* (Sieb. & Zucc.) Koidzumi
Le type sauvage est indigène au Japon et en Corée. Les fl. (extrême gauche) s'ouvrent en mai, les mâles en grosses grappes sur des pédoncules de 0,6 cm seulement. Les fr. ressemblent à ceux de *C. harringtonia,* mais les fll. sont plus régulières (p. 13), disposées sur deux rangées presque verticales.

Cercidiphyllum japonicum Sieb. & Zucc., famille des Cercidiphyllacées
Arbre à fll. cad., originaire de Chine et du Japon où son bois est très apprécié. Il est cultivé à travers l'Europe comme arbre d'ornement bien qu'il craigne les gelées de printemps. A l'état sauvage il mesure jusqu'à 30 m avec un tronc ramifié. Fl. mâles et femelles (ci-contre), sur des sujets distincts, s'ouvrent en avril avant les fll., les mâles à 15-20 étamines rouges de 0,8 cm environ, les femelles à 3-5 styles rouges de 0,6 0,6 cm environ, s'allongeant en cours d'été pour former les gousses de fr. (extrême droite) de 1,5-5 cm. Les fll. (p. 39) sont rouge vif au début, vertes en été puis jaunes, orange, rouges et pourpres en octobre.

Arbre de Judée

Cercis siliquastrum L., famille des Légumineuses
Arbre à fll. cad. originaire des régions de l'E. de la Méditerranée et du S. de l'Europe, il est cultivé comme arbre ornemental à travers l'Europe. Parfois haut de 12 m il est généralement plus court avec un tronc ramifié. Les fl. (extrême gauche) s'ouvrent en avril-mai fixées sur le tronc et les branches. Le fr. (ci-contre) de 10 cm de long environ est souvent d'un violet-rose vif en été. Les fll. (p. 39) de même forme que celles de *Cercidiphyllum japonicum* sont disposées alternativement le long des rameaux.

Chamaecyparis, famille des Cupressacées
Conifères à fll. persist., en aiguilles sur des rameaux aplatis. Fl. mâles et femelles sur un même sujet et cônes plus petits que chez les *Cupressus.*

Cyprès de Lawson

Chamaecyparis lawsoniana (A. Murr.) Parl.
Originaire de Californie et d'Oregon, il est planté ainsi que ses nombreuses formes cultivées dans les parcs et les jardins d'Europe et d'Amérique du N., mais aussi en Amérique du N. pour son bois (plus rarement en Europe). Il peut atteindre jusqu'à 60 m à l'état sauvage mais est généralement plus court de moitié en culture. Les fl. mâles (ci-contre) apparaissent sur tout l'arbre et libèrent leur pollen en mars. Les femelles (ci-contre également) s'ouvrent en même temps, vertes, minuscules. Les cônes (extrême droite), de 0,8 cm de diamètre, à 8 écailles, brunissent à maturité. Les fll. (p. 10) en écailles sont généralement appliquées sur le rameau. Les variétés cultivées diffèrent par leur port et la couleur de leur feuillage.

Cyprès de Nootka

Chamaecyparis nootkatensis (D. Don) Spach
Originaire de l'O. de l'Amérique du N., de l'Alaska à l'Oregon, il fournit un bois odorant très apprécié. Il est cultivé comme arbre d'ornement dans l'O. des Etats-Unis, l'O. et le centre de l'Europe. Il peut atteindre 36 m. Les fl. mâles (ci-contre) libèrent leur pollen en mars ; elles sont jaunes et non rouges comme chez *C. lawsoniana.* Les fl. femelles (ci-contre également) s'ouvrent en même temps, sur les branches supérieures. Les cônes (extrême droite) de 1,2 cm de diamètre, à 4 ou 6 écailles, virent au brun lors de leur second automne et s'ouvrent pour libérer les graines. Les fll. (p. 10), sans marques blanches dessous, ne sont généralement pas appliquées comme on le voit sur la photographie des cônes. Froissées, les fll. émettent une odeur très désagréable.

Hinoki

Chamaecyparis obtusa (Sieb. & Zucc.) Endl.
Originaire du Japon où son bois est très apprécié, il est cultivé comme arbre d'ornement en Europe et en Amérique du N. Haut de 36 m environ dans son habitat naturel, il est souvent plus petit en culture et de croissance lente. Les fl. mâles (ci-contre) libèrent leur pollen en avril, moment où les femelles, bleuâtres, naissent à l'extrémité des ramules. Les cônes (extrême droite), à 8 écailles mucronées, mesurent 0,8 cm de diamètre environ. Les fl. (p. 10) obtuses, portent dessous une ligne de bleu autour des marges. Il existe de nombreuses variétés cultivées, de forme et de couleur variables.

Sawara

Chamaecyparis pisifera
(Sieb. & Zucc.) Endl.
Originaire du Japon, il est cultivé comme arbre d'ornement en Amérique du N. et en Europe. Il peut atteindre 45 m, mais généralement moins. Les fl. mâles (ci-contre) libèrent leur pollen en avril, moment où naissent les fl. femelles (ci-contre également). les cônes, à 10 écailles faiblement mucronées, mesurent 1,2 cm de diamètre. Les fll. aiguës (p. 10) sont marquées de bleuâtre dessous à la base. Il existe également de nombreuses variétés cultivées de forme et de couleur variables.

Chamaecyparis thyoides (L.) Britt., Sterns & Pogg.
Originaire de l'E. de l'Amérique du N. où il pousse dans les marais côtiers, il est cultivé comme arbre d'ornement dans l'E. des Etats-Unis et en Europe. Il peut atteindre 25 m à l'état sauvage, 6-15 m en culture. Les fl. mâles (ci-contre) libèrent leur pollen en mars, moment où naissent les femelles (ci-contre également). Les cônes (extrême droite), à 6 écailles, mesurent 0,6 cm de diamètre environ. Les fll. (p. 10) sont pointues à l'extrémité.

Chrysolepis chrysophylla (Hook.) Hjelmqvist, famille des Fagacées
A fll. persist., originaire de Californie et d'Oregon, il peut y atteindre 30 m. En culture, en Europe, il est généralement plus court, parfois buissonnant. Fl. mâles et femelles naissent sur les mêmes chatons (2,5-3,7 cm environ), les mâles portant quelques femelles groupées à la base. Elles s'ouvrent en juillet (extrême gauche). Les fr. (ci-contre), en grappes, rappelant ceux de *Castanea sativa,* de 2,5-4 cm de diamètre, mûrissent au cours de leur second automne pour libérer 1 ou 2 noix brun doré, contenant des amandes comestibles. Les fll. (p. 24) jaunissent et tombent de l'arbre au bout de 2 ou 3 ans.

Virgilier

Cladrastis lutea (Michx.) K. Koch, famille des Légumineuses
A fll. cad., originaire du S.-E. des Etats-Unis, où il est cultivé dans l'E. et en Europe. Le bois fraîchement coupé est jaune vif et donne une teinture jaune. L'arbre mesure environ 12 m mais peut être plus haut en forêt. Les fl. blanches et odorantes s'ouvrent en juin en longues grappes pendantes (20-35 cm), mais il arrive qu'elles n'apparaissent pas en Europe. Chacune mesure 2,5 cm de long, sur un pédoncule velu. Les gousses, de 7,5-10 cm de long et 1,2 cm de large, contiennent 4-6 graines et mûrissent en septembre. Les fll. (p. 53) virent à un très beau jaune vif à l'automne (ci-contre). L'écorce est montrée à l'extrême droite.

Cladrastis sinensis Hemsl.
A fll. cad., originaire de Chine, il est cultivé dans les jardins et les collections botaniques. Il peut atteindre 15 m et plus à l'état sauvage. Les fl. odorantes (ci-contre) s'ouvrent en juillet en longues grappes (jusqu'à 30 cm). Les gousses (extrême droite), longues de 5-7,5 cm à maturité, tombent fin septembre. Les fll. (ci-contre) ont 11-13 folioles, qui sont disposées alternativement sur le rachis.

Cornus, famille des Cornacées, **cornouiller**
Cornus alternifolia L. f. A fll. cad., originaire de l'E. de l'Amérique du N. Peut atteindre 6 m. Fl. en têtes aplaties de 5 cm s'ouvrant en mai-juin. Fr. rond, noir, de 0,6 cm. Fll. alternes (p. 35).

Cornouiller à grandes fleurs

Cornus controversa Hensl.
A fll. cad., originaire du Japon. Hauteur : 9-15 m. Fl. (extrême gauche) s'ouvrant en juin en têtes de 5-10 cm de diamètre. Fr. rond, noir brillant, de 0,6 cm de large. Fll. alternes (p. 35).
Cornus florida L.
A fll. cad., originaire de l'E. de l'Amérique du N. Hauteur : 3-6 m et plus. Grappes de fl. entourées de grandes bractées (ci-contre), s'ouvrant en avril-mai. Baies rouges, ovales, de 1,2 cm de long, en grappes serrées, mûrissant en octobre. Fll. (p. 35) virant au rouge, au jaune ou à l'orange à l'automne.

Cornouiller mâle

Cornus mas L.
Originaire du S.-E. et du centre de l'Europe, il est planté dans les jardins et les parcs pour sa floraison hivernale et ses fr. décoratifs. Le bois, quoique court, était autrefois utilisé dans la fabrication de petits objets domestiques ; avec les baies on prépare un sirop ou de la confiture. Il peut atteindre 14 m de haut mais est plus souvent plus bas et arbustif. Les fl. (extrême gauche) s'ouvrent en février avant les fll. (0,4 cm de diamètre environ). Le fr. (ci-contre), la cornouille, de 2 cm de long environ, est mûr en septembre. Les fll. (p. 35) sont presque rondes, à 3-5 paires de nervures.

Cornus nuttallii Audubon
Originaire de l'O. de l'Amérique du N., il peut y atteindre 12-18 m de haut. Les fl. apparaissent en capitules denses (2 cm de diamètre environ), entourés de 4-8 grandes bractées (extrême gauche) qui donnent à l'arbre en fl. un aspect élatant. Les boutons sont visibles tout l'hiver pour s'ouvrir finalement en mai. Les baies sont écarlates, en grappes denses, les fll. (p. 35) virent au rouge, à l'orange et au jaune à l'automne (ci-contre).

Corylus, famille des Corylacées, **coudrier**
Arbres et arbustes à fll. cad., alternes, dentées. Fl. mâles et femelles sont séparées ; mais sur un même sujet, les mâles en groupes de chatons pendants, les femelles enfermées dans un bourgeon d'où émergent des styles. Le fr. est une noix entourée d'un involucre foliacé.

Coudrier, noisetier

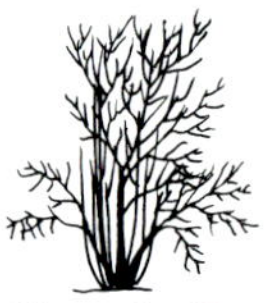

Corylus avellana L.
Originaire d'Asie occidentale, d'Afrique du N. et d'Europe, il est cultivé pour ses fr. et comme arbre de haies. L'élagage fournit ces baguettes flexibles qu'utilisent les sourciers et qui tressées constituent des barrières. A l'état sauvage il forme des taillis de buissons de 4-6 m de haut, parfois de petits arbres. Les chatons mâles atteignent 3,7-6 cm quand ils libèrent leur pollen en février et mars ; les femelles sont de minuscules bourgeons rouges (tous deux ci-contre). Les fr. (extrême droite), délicieux, sont mûrs en septembre-octobre. Les fll. (p. 39) sont grossières et velues.

Coudrier de Byzance, coudrier du Levant

Corylus colurna L.
Originaire du S.-E. de l'Europe et d'Asie occidentale, il est cultivé comme arbre d'ornement dans les grands jardins et les collections botaniques. Il mesure 21-24 m. Les chatons mâles atteignent 5-7,5 cm quand ils libèrent leur pollen, en février ; les femelles sont de minuscules bourgeons rouges (tous deux ci-contre). Les fr. (extrême droite), de 1,2 cm, entourés d'un involucre de 4 cm, se distinguent aisément des autres noisettes. Les fll. (p. 39), souvent presque lobées, sont plus grosses que celles de *C. avellana*.

Fustet d'Amérique

Cotinus obovatus Raf., synonyme de *C. americanus* Nutt., famille des Anacardiacées
Originaire du S.-E. des Etats-Unis, l'exploitation de son bois dont on tire une teinture rouge orangée explique sa raréfaction. Il est cultivé comme arbre d'ornement dans l'E. des Etats-Unis et en Europe. S'il peut atteindre 9 m à l'état sauvage, il est souvent buissonnant en culture. Fl. mâles et femelles apparaissent en juin sur des sujets distincts (fl. mâles : extrême gauche). Les fl. femelles sont disposées en grappes moins denses et les portions vides des pédoncules donnent à l'arbre une apparence nuageuse. Les fr. sont également épars, de 0,3 cm de long. Les fll. (p. 32), couleur bronze au début, se teintent de beaux rouges clairs à l'automne (ci-contre).

Cotoneaster frigidus Wall., famille des Rosacées
Ce petit arbre ou arbuste à fll. cad. originaire de l'Himalaya est cultivé pour sa valeur ornementale dans les parcs et jardins. Il mesure 4,50-6 m. Les fl. (ci-contre), de 0,8 cm de diamètre, s'ouvrent en juin en grappes aplaties qui peuvent atteindre 5 cm de large. Très décoratifs, les fr. (extrême droite) couvrent toutes les branches. Ils sont mûrs en septembre et restent sur l'arbre pendant l'hiver. Les fll. (p. 32), pubescentes quand elles sont jeunes, deviennent glabres en été.

Crataegus, famille des Rosacées, **aubépine, épine**
Vaste groupe d'arbres et d'arbustes à fll. cad., épineux. Les fll. dentées peuvent être lobées, généralement à deux bractées foliacées ou stipules, situés au point d'insertion du pétiole sur le rameau. Les fl., hermaphrodites, sont généralement groupées. Le fr. charnu contient des noyaux osseux.

Azérolier

Crataegus azarolus L.
Originaire du S. de l'Europe, d'Afrique du N. et de l'O. de l'Asie, il est cultivé pour ses fr. à saveur de pomme dont on fait confitures et liqueurs. Il peut atteindre environ 9 m. Les fl. (extrême gauche) s'ouvrent en mai, de 1,2 cm de diamètre, en groupes de 5-7,5 cm de large. Le fr. (ci-contre) de 2-2,5 cm de diamètre est orangé à maturité (plus ou moins rouge ou jaune) en septembre. Les fll. fortement lobées sont pubescentes en dessous.

Ergot de coq

Crataegus crus-galli L.
Originaire du centre et de l'E. de l'Amérique du N., il est souvent cultivé comme arbre d'ornement ou de haies dans l'E. des Etats-Unis ainsi qu'en Europe septentrionale. Il porte des épines de 3,7-7,5 cm, pouvant atteindre 10-15 cm chez les vieux sujets. C'est un arbrisseau de 7,5 m. Les fl. (extrême gauche), de 1,2 cm de diamètre, naissent en mai en groupes de 5-7,5 cm de diamètre. Le fr. (ci-contre), de 1,2 cm de diamètre environ, est mûr en octobre et persiste sur l'arbre en hiver. Les fll. (p. 37) se teintent d'écarlate à l'automne.

Crataegus douglasii Lindl.
Originaire de l'E. et du centre de l'Amérique du N., il est cultivé en Europe comme ornement de jardins et pour collections botaniques. Il peut atteindre 9 m. Les fl. (extrême gauche) s'ouvrent en mai (1,2 cm de large) en grappes de 5 cm de large environ. Le fr. (ci-contre), de 0,8 cm de diamètre environ, noir brillant à maturité, tombe de l'arbre en août et septembre. Les fll. sont figurées p. 38. Les épines sont épaisses, longues de 2-2,5 cm environ, parfois absentes.

Crataegus laciniata Ucria
Haut de 4,50-6 m, originaire de Chine, il est planté en Europe comme arbre d'ornement. Les fl. (extrême gauche) s'ouvrent en juin, chacune de 2 cm de diamètre environ, donnant un fr. (ci-contre) de 2 cm de diamètre environ, mûr en octobre. Les fll. (p. 47) fortement incisées sont pubescentes sur les deux faces, particulièrement en dessous. Quelques épines seulement.

Aubépine,
aubépine à deux styles,
épine blanche

Crataegus laevigata (Poir.) DC, synonyme de *C. oxyacantha* L., Jacq.
Indigène en Europe, il est plus petit que l'aubépine à un style *(Crataegus monogyna)*, n'atteignant que 4,50-6 m et moins épineux. Les fl. (extrême gauche), de 1,2 cm de diamètre, à 2 parfois 3 styles, s'ouvrent en mai-juin. Les fr. (ci-contre) sont ovales, de 0,6-2 cm de long, contenant 2, parfois 3 noyaux. Les fll. (p. 47) sont moins lobées que celles de *C. monogyna.*

Crataegus laevigata cv. 'Paul Scarlet'
Créé en Angleterre vers 1858 à partir d'une variété à fl. doubles roses (ci-dessous), il est communément planté dans les parcs et les jardins de toutes tailles. Les fl. (extrême gauche) doubles et écarlate brillant s'ouvrent en mai ou juin. Le fr. se forme rarement. Les fll. sont semblables à celles du type sauvage.

Crataegus laevigata cv. 'Punicea Flore Pleno'
On suppose cette variété cultivée de *C. laevigata* avoir été créée quelque part sur le continent européen. Il est cultivé pour l'ornementation des parcs et jardins mais est moins commun que 'Paul Scarlet' (ci-dessus). Les fl. (ci-contre), doubles et roses, s'ouvrent en mai ou juin.

Crataegus × lavallei Herincq ex Lav.
Cet hybride obtenu au Museum de Paris en 1870 est aujourd'hui planté comme ornemental dans les jardins et les collections. Il mesure 4,50-6 m. Les fl. (extrême gauche), de 2,5 cm de diamètre, s'ouvrent en juin en groupes de 7,5 cm de large. Le fr. (ci-contre) globuleux, de 2 cm, rouge vif souvent tavelé de brun, persiste une grande partie de l'hiver. Les fll. (p. 37) sont d'un vert brillant plus foncé que chez les autres épines. Les épines sont rares, de 2,5 cm de long environ.

Crataegus mollis (Torr. & Gr.) Scheele
Originaire du centre des Etats-Unis, il est planté comme ornemental en Europe. C'est un arbre de 9-12 m. Les fl. s'ouvrent en juin, blanches avec un disque rouge au centre, de 2,5 cm de diamètre environ. Le fr. est mûr en septembre, rouge, pubescent, sphérique, de 2-2,5 cm de diamètre. Les fll. (p. 38) sont pubescentes, particulièrement en dessous. Les épines mesurent 5 cm de long.

Epine blanche, aubépine à un style

Crataegus monogyna Jacq.
Originaire d'Europe, il était anciennement associé aux festivités du 1er mai. Il peut atteindre 10,50 m. Les fl. odorantes (extrême gauche) s'épanouissent en mai. Le fr. (ci-contre), mûr en septembre, ne contient qu'un seul noyau : c'est l'une de ses principales différences avec l'autre épine blanche (*C. laevigata*). Les fll. (p. 47) ont de 5 à 7 lobes. L'écorce (p. 217) est brun foncé, fissurée en plaques rectangulaires.

C. monogyna cv. 'Biflora'
La légende veut que cette variété ait été introduite à Glastonbury en même temps que le Saint Graal par Joseph d'Arimatie. Celui-ci l'ayant mis en terre, l'arbre aurait immédiatement fleuri alors que c'était l'époque de Noël. En fait, dans les hivers doux, il produit fll. et fl. en hiver et une seconde floraison en mai.

Crataegus oxyacantha L., voir *Crataegus laevigata* p. 107.

Crataegus pedicellata Sarg.
Originaire de l'E. de l'Amérique du N., il peut atteindre 6 m. Les fl. (extrême gauche) s'ouvrent en mai et juin, chacune portant en son centre un disque typique. Le fr. (ci-contre), de 2 cm de long environ, est mûr en septembre. Les fll. (p. 38) sont rugueuses en dessus mais ni pubescentes ni velues. Elles possèdent généralement 5 lobes peu prononcés de chaque côté et sont grossièrement dentées. Les épines sont brillantes, brunes, de 5 cm de long.

Crataegus prunifolia (Lam.) Pers.
Bien que l'origine de cet hybride soit incertaine, il est certain qu'il ressemble à *C. crus-galli*. Il mesure environ 6 m. Les fl. (extrême gauche) s'ouvrent en juin, de 1,8 cm de diamètre chacune. Le fr. (ci-contre), de 1,2 cm de diamètre environ, est mûr en septembre et tombe tôt. Les fll. (p. 37) virent au rouge à l'automne. Les épines sont rigides, aiguës, de 3,7-7,5 cm.

Sugi, cryptomeria du Japon

Cryptomeria japonica (L.f.) D. Don, famille des Taxodiacées
Ce conifère à fll. persist. originaire de Chine et du Japon est, au Japon, une essence forestière importante. En Europe et en Amérique du N. il est cultivé comme arbre d'ornement. De 30-55 m au Japon, il est généralement plus petit en culture. Fl. mâles et femelles (ci-contre) sont séparées mais sur un même sujet. Les chatons mâles, présents durant l'hiver, virent ensuite au jaune pour libérer leur pollen en février ou début mars. Les femelles sont de minuscules rosettes vertes à l'extrémité des ramules. Elles donnent des cônes verts (extrême droite), de 1,5 cm de diamètre, vers l'automne. Ils sèchent, brunissent (extrême droite également), libérant leurs graines l'automne suivant. Le feuillage est montré p. 12. L'écorce est brun rougeâtre, s'exfoliant en minces bandes verticales.

Cunninghamia lanceolata (Lamb.) Hook., famille des Taxodiacées
Ce conifère à fll. persist. originaire de Chine est une essence forestière de première importance. Il a été, en 1701, dédié à J. Cunningham, le premier botaniste européen à avoir visité la Chine. On le cultive dans les grands jardins et les collections botaniques. Haut de 45 m dans son habitat naturel, il se limite généralement à 30 m en culture. Fl. mâles et femelles (extrême gauche) sont séparées sur un même sujet : les mâles en gros groupes à l'extrémité des ramules, libérant leur pollen en avril, les femelles, également à l'extrémité des ramules, de 1,2 cm environ de diamètre. Les cônes (ci-contre) mesurent jusqu'à 4,5 cm de diamètre. Les aiguilles (p. 13) sont dures, aiguës. L'écorce est brune et squameuse.

Cyprès de Leyland

× *Cupressocyparis leylandii* (Dallim. & Jacks.) Dallim., famille des Cupressacées Il s'agit d'un hybride entre *Chamaecyparis nootkatensis* et *Cupressus macrocarpa.* C'est principalement un arbre de haies et d'ornement pour jardins. Jusqu'ici il a atteint 30 m. Fl. mâles et femelles coexistent sur un même sujet (ci-contre). Les mâles apparaissent en automne et s'ouvrent pour libérer leur pollen en mars. Les femelles, petites et vertes, donnent des cônes luisants (extrême droite) de 1-2 cm de diamètre. Il existe un grand nombre de clones, dont voici les deux plus importants. × *C. leylandii* cv. 'Haggerston Grey' (clone 2) possède un beau feuillage gris-bleu ; ses ramilles sont disposées tout autour des rameaux bruns et ligneux. Fl. et fr. sont montrés avec les fll. p. 10.
× *C. leylandii* cv. 'Leighton Green' (clone 11) a des ramules verts plus vigoureux, les ramilles étant disposées sur un même plan sur les rameaux. C'est ce clone qui est représenté ci-dessus.

Cupressus, famille des Cupressacées, **cyprès** Conifères à fll. persist., en écailles appliquées sur rameaux et ramilles. Les fl. mâles et femelles sont séparées sur un même sujet. Le bois est odorant et résineux.

Cyprès d'Arizona

Cupressus arizonica Greene
Originaire du S.-E. des Etats-Unis et du N. du Mexique, il est planté comme arbre d'ornement dans les jardins et les collections botaniques. Il peut atteindre 23 m dans son aire naturelle. Les fl. (extrême gauche) sont sur des rameaux distincts, les mâles libérant leur pollen en février, les femelles, en forme de minuscules roses, donnant des cônes (ci-contre) de 1,8 cm environ, à 6-8 écailles portant une forte protubérance. Le feuillage est montré p. 11. L'écorce est brune et fibreuse chez les jeunes sujets, virant au gris et s'exfoliant en minces plaques avec l'âge.

Cupressus glabra Sudw.
Originaire d'Arizona, plus à l'O. que *C. arizonica,* on le confond souvent avec ce dernier. C'est un arbre de 14-18 m. Les fl. mâles (extrême gauche) libèrent leur pollen en février, les femelles donnant des cônes (ci-contre) de 1,5 cm environ. Les fll. (p. 11), bleu-gris, portent des dépressions sur le dos. L'écorce est lisse, brun rougeâtre, desquamante.

**Cyprès de Monterey,
cyprès de Lambert,
cyprès à gros fruits**

Cupressus macrocarpa Gord.
Originaire de Californie, il est cultivé dans l'O. de l'Amérique du N. dans les jardins, en particulier pour former haies et rideaux protecteurs. On l'a également implanté en Europe, en Amérique du S. et en Australie. Haut de quelque 18 m à l'état sauvage il peut doubler en culture (voir ci-dessus les deux ports). Les fl. (extrême gauche) s'ouvrent en mars, les mâles virant au jaune et libérant leur pollen, les femelles donnant des cônes (ci-contre), de 2,5-3,7 cm de diamètre, à 4-6 écailles. Le feuillage est montré p. 11. L'écorce est brun-rouge, sillonnée et squameuse.

Cyprès d'Italie

Cupressus sempervirens L.
Spontané sur tout le pourtour de la Méditerranée, il est largement cultivé en Europe et en Amérique du N. Il donne un bois solide, durable, avec lequel au Moyen Age on fabriquait des coffres, son odeur agréable le rendant particulièrement adapté au rangement de vêtements. C'est un arbre de 25-45 m, soit à couronne étroite et à branches relevées comme ci-dessus, soit à branches horizontales. Les fl. (extrême gauche) s'ouvrent en mars, les mâles, jaunes, libérant alors leur pollen. Les fl. femelles donnent des cônes (ci-contre), de 1,8-3 cm, à 8-14 écailles (voir fll. p. 11). L'écorce est brun pourpre, mince, faiblement sillonnée.

Cognassier commun

Cydonia oblonga Mill., famille des Rosacées
Arbre à fll. cad., probablement originaire d'Asie centrale, il est cultivé depuis longtemps en Europe méditerranéenne pour ses fr. Il mesure 4,50-6 m. Les fl. (ci-contre), de 5 cm de diamètre environ, s'ouvrent en mai. Le fr. (extrême droite) est pyriforme, de 7,5-10 cm de long, généralement recouvert de poils blancs serrés, comme feutré. En dépit de son odeur attirante, le coing cru est âpre et dur. En France, on en fait des gelées et des confiseries (pâtes de coings). Jeunes, les fll. (p. 32) sont feutrées comme le fr.

Arbre aux pochettes

Davidia involucrata Baill., famille des Davidiacées
Arbre à fll. cad., originaire de Chine où il a été découvert par un jésuite français, le père David, en 1869, il mesure 12-19 m. Les fl. s'ouvrent en mai en minuscules têtes rondes de 2 cm de diamètre, presque masquées par de grandes bractées blanches pouvant atteindre 20 cm de long (extrême gauche). Les organes mâles et femelles sont dans des fl. distinctes. Le fr. (ci-contre) est solitaire, de 3,7 cm environ, virant au brun rougeâtre à maturité, en octobre et contenant 3-5 graines. Les fll. (p. 41) sont d'un vert clair brillant, pubescentes en dessus et soyeuses en dessous. Elles sont odorantes à leur naissance. *D. involucrata* var. *vilmoriniana* (Dode) Wanger possède des fl. et des fr. similaires à ceux du type mais les fll. sont glabres dessous.

Plaqueminier d'Europe, plaqueminier d'Italie

Diospyros lotus L., famille des Ebénacées
Cet arbre à fll. cad., originaire de Chine, est cultivé en Italie et en Extrême-Orient pour ses fr. et comme ornemental dans les collections et l'Europe septentrionale. Il peut atteindre 12 m, voie le double sous les climats chauds. Les fl. s'ouvrent en juillet : les mâles (ci-contre) en grappes, à l'aisselle des fll., les femelles semblables mais solitaires, sur des sujets distincts. Chaque fl. mesure 0,6 cm de diamètre environ. Le fr. (extrême droite) est large de 1,2-2 cm et vire de jaune à pourpre à maturité. Les fll. (p. 27) sont vert foncé luisant.

Plaqueminier de Virginie

Diospyros virginiana L.
Arbre à fll. cad. originaire de l'E. et du centre des Etats-Unis. Dans certains Etats du S., on récolte en abondance les fr. astringents sur les arbres sauvages. Il mesure en général 12-20 m, parfois beaucoup plus. Les fl. s'ouvrent en juillet : les femelles (ci-contre) solitaires, de 2 cm de long environ, les mâles en grappes, légèrement plus petites. Le fr., semblable à celui de *D. lotus*, de 2,5-5 cm de diamètre, est orange clair souvent marqué de rougeâtre d'un côté. Les fll. sont montrées p. 27. L'écorce (extrême droite) est épaisse, très foncée, creusée en petits blocs rectangulaires.

Dipteronia sinensis Oliver,
famille des Acéracées
A fll. cad., originaire de Chine centrale, c'est un arbre de 9 m environ, parfois buissonnant. Les fl. (extrême gauche) contiennent les organes des deux sexes. Elles s'ouvrent en juin en grappes de 15-30 cm de long. Les fr. (ci-contre), aux ailes de 2-2,5 cm, sont très typiques. Les fll. (p. 57), généralement à 7-11 folioles, portent dessous de petites touffes de poils aux aisselles des nervures.

Drimys winteri J.R. & G. Forst., famille des Wintéracées
Cet arbre ou arbuste à fll. persist., originaire d'Amérique centrale et du S., est parfois connu en jardins comme var. *latifolia.* Il fut découvert par le capitaine W. Winter, lors d'un voyage en compagnie de sir Francis Drake. L'écorce aromatique allait se révéler un condiment intéressant en même temps que préventive du scorbut. Les fl. odorantes (ci-contre), de 3,7 cm de diamètre environ, s'ouvrent en juin. Les fr. (extrême droite), mûrs en octobre, tombent alors de l'arbre. Ils sont noirs, charnus, à quelque 15 graines, agglomérés à l'extrémité de pédoncules longs de 5-7,5 cm, groupés eux aussi, bien que la photographie (extrême droite) n'en montre qu'un isolé portant deux fruits. Les fll. (p. 24) varient de longues et étroites à ovales. L'écorce (p. 217) est lisse, gris-brun ou orange-bronze.

Olivier de Bohême

Elaeagnus angustifolia L.,
famille des Eléagnacées
Arbre, parfois arbuste, à fll. cad., originaire d'Asie occidentale et d'Europe méridionale, il est cultivé dans les parcs et les jardins, particulièrement en Europe centrale. En Extrême-Orient on fait des sorbets de ses fr. Il peut atteindre 12 m. Les fl. (extrême gauche), de 0,6 cm de large environ, à senteur lourde, s'ouvrent en juin. Les fr. sont ovales, de 1,2 cm de long environ, jaune argenté, de saveur douce. Les fll. (p. 24) se reconnaissent aux écailles argentées qu'elles portent en dessous. L'écorce est montrée ci-contre.

Embothrium coccineum J.R. & G. Forst, famille des Protéacées
Arbre ou arbuste à fll. persist., originaire du Chili, il est cultivé comme ornemental dans les jardins. Il peut atteindre 12 m. Les fl. typiques, écarlates (ci-contre), s'ouvrent en juin, de 3,7-5 cm de long chacune. Les fr. ligneux (extrême droite) s'ouvrent pour libérer des graines ailées. Les fll. (p. 24), relativement variables en taille et en forme, peuvent parfois atteindre 15 cm de long bien que plus souvent plus courtes et plus arrondies.

Eucalyptus, famille des Myrtacées, **eucalyptus**
Vaste groupe d'arbres à fll. persist., presque tous originaires d'Australie. Les fll. juvéniles sont sessiles et arrondies, les adultes longues et pétiolées. Les fl., généralement en panicules d'étamines, s'ouvrent un an après la formation des boutons.

Eucalyptus de Gunn

Eucalyptus gunnii Hook f.
Originaire de Tasmanie, il est cultivé comme arbre d'ornement dans les jardins d'Europe où son jeune feuillage sert souvent dans les arrangements floraux. Il peut atteindre 30 m. Les fl. (extrême gauche) s'ouvrent en juillet et août, groupées par 3. Les fr. (ci-contre), de 0,6 cm de long environ (les points marquant les fll. de la photographie ci-contre sont les traces des attaques de la cochenille). Les fll. sont montrées p. 24 : les juvéniles sont presque rondes, par paires ; les adultes sont alternes, longues et minces, sur un pétiole jaune de 2,5 cm. L'écorce (p. 217) est lisse, caduque.

Eucalyptus niphophila Maiden & Blakely
Originaire des montagnes de Nouvelle-Galles du Sud et de Victoria, à des altitudes pouvant atteindre 2 000 m, il est cultivé dans les jardins d'Europe et résiste bien aux gelées. De 6 m à l'état sauvage, il peut être plus haut en culture. Les fl. (extrême gauche) s'ouvrent en août par groupes de 9-11. Le fr. (extrême gauche également) mesure environ 0,6 cm de long. Les fll. (p. 24), adultes très tôt (un an environ), virent du brun orangé au gris-vert, sur des pétioles rouges d'un côté ; elles sont jaunes dessous, parfois courtes et arrondies, plus fréquemment longues, minces et courbes. L'écorce (ci-contre), grise, s'exfolie en larges plaques révélant une nouvelle écorce blanche.

Eucalyptus perriniana Rodway
Originaire de Tasmanie, de Victoria et de Nouvelle-Galles du Sud, à des altitudes de 300-600 m, il est cultivé en Europe et souvent élagué pour encourager la production de feuillage juvénile (arrangements floraux). Il peut atteindre 6 m à l'état sauvage. Les fl. (extrême gauche) s'ouvrent en août, groupées par 3. Les fr. (extrême gauche également) mesurent environ 0,5 cm. Les fll. juvéniles constituant le feuillage (p. 24) se joignent par paires pour former une fll. circulaire entourant le rameau. Les fll. adultes sont longues, minces, parfois recourbées. L'écorce (ci-contre) est foncée et porte les traces annulaires des anciennes feuilles.

Eucommia ulmoides Oliver,
famille des Eucommiacées
Une seule espèce d'arbres à fll. cad., originaires de Chine où les botanistes occidentaux l'ont découverte plutôt en culture qu'à l'état sauvage. Il est également cultivé en Europe dans les jardins et les collections botaniques. Il produit un certain type de gomme que l'on découvre en minces filaments en brisant précautionneusement une fll. C'est un arbre de 9-20 m. Fl. mâles et femelles s'ouvrent en février, avant les fll., sur des sujets distincts : les mâles (ci-contre) en grappes d'anthères, les femelles, simples pistils verts presque invisibles. Le fr. (extrême droite), de 3,7 cm, à une seule graine, rappelle celui de l'orme. Les fll. sont montrées p. 33.

Eucryphia × *nymansensis* Bausch,
famille des Eucryphiacées
Cet hybride toujours vert entre *E. glutinosa* et *E. cordifolia* — 2 espèces du Chili — a été obtenu dans le Sussex par Nymans au début du siècle. Souvent arbustif, il peut atteindre 12-15 m en tant qu'arbre. Les fl. (extrême gauche) s'ouvrent en août, chacune de 6 cm de diamètre environ. Elles couvrent toute la plante en une très belle floraison. Les fr. (ci-contre), de 0,6 cm de long environ, produisent des graines fertiles. Certaines fll. (p. 50) sont à 3 folioles, d'autres sont entières : elles reflètent les caractères des espèces dont l'hybride est originaire.

Evodia daniellii (Benn.) Hemsl.
famille des Rustacées
A fll. cad., originaire de Corée et de Chine septentrionale, il est, en Europe, cultivé dans les grands jardins, les parcs et les collections. Il peut atteindre 15 m. Les fl. (ci-contre), à l'odeur forte, s'ouvrent en juin (France), mâles et femelles généralement séparées : les inflorescences peuvent atteindre 10-15 cm de diamètre à plein épanouissement. Les fr. sont des capsules noir rougeâtre, à un éperon. Les fll. (p. 53) virent au jaune clair en octobre (extrême droite).

Fagus, famille des Fagacées, **hêtre**
Arbres à fll. cad., tous dans l'hémisphère N. Fll. alternes, à nervures parallèles proéminentes. Fl. mâles et femelles en groupes mais sur un même sujet. Fr. en cupule (par 1 ou 2) comestibles, entourés d'un involucre hérissé.

Fagus orientalis Lipsky. Originaire d'Asie Mineure, du Caucase et des Balkans, il croît à moindre altitude et dans des lieux mieux abrités que *F. sylvatica.* Il peut mesurer jusqu'à 30 m à l'état sauvage. Les fl. (extrême gauche) s'ouvrent en mai, les grappes mâles tombantes, sur des pédoncules de 2,5-5 cm, les femelles à l'extrémité des pousses. Les fr. (ci-contre) sont enclos dans des bogues de 2,5 cm de long sur des pédoncules de 5-7,5 cm, qui s'ouvrent en octobre, libérant des akènes triangulaires. Les fll. (p. 33), à 7-12 paires de nervures, sont plus longues que chez *F. sylvatica.*

Hêtre, fayard, fouteau

Fagus sylvatica L.
Indigène en Europe, il est largement cultivé pour son bois ainsi que comme arbre d'ornement et d'ombrage. Il a été largement introduit en Amérique du N. Les noix comestibles (faines) peuvent fournir une huile comestible (très employée en Allemagne pendant les deux guerres mondiales), dont on fait une sorte de margarine. Il peut atteindre 30 m, avec un tronc épais pouvant mesurer 2-2,50 m de diamètre. Les fl. (extrême gauche) s'ouvrent en mai en nombreuses grappes tombantes de fl. mâles et une ou deux grappes de fl. femelles à l'extrémité des pousses. Le fr. (ci-contre), long de 1,5 cm environ, est mûr en septembre ou octobre. Les fll. (p. 33) portent 5-9 paires de nervures. L'écorce est montrée p. 117.

Fagus sylvatica cv. 'Asplenifolia'
Souvent baptisé 'Heterophylla', ses fll. (p. 47 et extrême gauche) sont profondément découpées, bien qu'il arrive qu'elles soient carrément entières. Les fl. (extrême gauche) sont semblables à celles de *F. sylvatica*, ainsi que l'écorce (ci-contre).

Fagus sylvatica cv. 'Dawyck', créé à Dawyck (Peebleshire), revêt un port inhabituel de colonne. Fll. et fl. sont semblables à celles du type.

Hêtre pleureur

Fagus sylvatica forma *pendula* (Loud.) Schelle
Généralement plus petit que *F. sylvatica*, ses branches pendantes retombent vers la terre. Fl. et fll. ressemblent à celles du type.

Hêtre pourpre

Fagus sylvatica forma *purpurea* (Ait.) Schneid.
Très employé dans les jardins et les parcs, c'est une forme à fll. pourpres (p. 33). Fl. (extrême gauche) et fr. (ci-contre) sont teintés de brun rosâtre.

Figuier, caprifiguier (sauvage)

Ficus carica L., famille des Moracées
Cet arbre à fll. caduc., originaire du Proche-Orient, est maintenant spontané sur le pourtour de la Méditerranée et planté en Californie. Ses fr. que l'on consomme frais ou séchés ont des pouvoirs laxatifs légers. Souvent buissonnant, il peut atteindre 9 m. Fl. mâles et femelles apparaissent sur des sujets distincts ; elles présentent la particularité d'apparaître dans un réceptacle charnu (ci-contre), considéré comme un faux fruit. Ce sont des parasites qui assurent la fécondation. Le fr. (extrême droite) charnu peut être vert, violet ou brun. Les variétés cultivées peuvent souvent donner plusieurs récoltes dans l'année, mais sous les climats froids les fr. se forment en mai et sont mûrs en octobre. Les fll. (p. 44) peuvent avoir 3 ou 5 lobes.

Alerge

Fitzroya cupressoides (Mol.) I.M. Johnston, famille des Cupressacées
Ce conifère toujours vert, originaire du Chili et d'Argentine où il fournit un bois apprécié, doit son nom à R. Fitzroy qui commandait la fameuse expédition de cinq ans dont le jeune Charles Darwin faisait partie en tant que naturaliste. C'est un arbre de grands jardins et de collections. Elancé et pouvant atteindre 50 m à l'état sauvage, en culture, par contre, il peut être court et arbustif (voir dessin ci-dessus). Les fl. femelles (extrême gauche), de 0,5 cm environ de diamètre, s'ouvrent en avril. Les mâles sont jaunes, de 0,2 cm environ. Les cônes (ci-contre), de 0,8 cm environ, virent du vert au brun en mûrissant et s'ouvrent pour libérer leurs graines tout en demeurant sur l'arbre pendant l'hiver. Les fll. (p. 11) ont 2 bandes blanches de chaque côté. L'écorce épaisse, brun rougeâtre, s'exfolie.

Fraxinus, famille des Oléacées, **frêne**
Arbre à fll. cad., à 2 rangées de folioles de chaque côté d'un pétiole central. Fl. généralement apétales, uni ou bissexuées. Parfois, les fl. unisexuées se trouvent sur des sujets distincts, parfois ensemble.
Fr. à une seule aile.

Frêne blanc

Fraxinus americana L.
Originaire de l'E. de l'Amérique du N. où il donne un bois apprécié pour aménagements intérieurs, meubles, etc., c'est également un arbre d'ornement et d'ombrage dans les Etats de l'E. ainsi que dans l'O. et le N. de l'Europe. Il peut atteindre 35 m à l'état sauvage. Fl. mâles et femelles naissent sur des sujets séparés en mai. Les fl. mâles sont montrées ci-contre ; les fl. femelles sont également apétales, en grappes plus lâches. Le fr. long de 2,5-6,2 cm et large de 0,6 cm environ, à l'extrémité un peu aiguë, apparaît en grappes de 15 cm de long environ. Les fll. (p. 53), à 7-9 folioles, virent au jaune clair à l'automne. L'écorce (extrême droite) est grise, épaisse, sillonnée chez les vieux sujets.

Fraxinus angustifolia Vahl
Originaire du littoral O. de la Méditerranée et d'Afrique du N., il est cultivé dans les grands jardins et les collections. C'est un arbre de 18-25 m. Les fl. s'ouvrent en mai : les mâles en grappes denses, les femelles sont montrées ci-contre. Le fr., de 2,5-3 cm, est mûr en septembre. Les fll. (p. 55) ont 7-13 folioles glabres et étroites. L'écorce (extrême droite) est gris foncé, plus profondément sillonnée et marquée de protubérances que *F. excelsior.* Il se distingue aisément des formes à fll. étroites de ce dernier par ses bourgeons hivernaux bruns et non noirs.

Frêne commun,
grand frêne

Fraxinus excelsior L.
Indigène en Europe, le frêne est une essence forestière importante, son bois solide, durable étant utilisé en ameublement, aménagements intérieurs, etc. C'est un arbre de 30-42 m. Les fl. s'épanouissent en avril — mâles et femelles en grappes séparées sur un même sujet, des sujets distincts ou encore dans la même fl. Les grappes mâles (ci-contre) sont pourpres, virant au jaune à la pollinisation, les grappes femelles vert pâle et plus lâches. Le fr. (extrême droite) a des ailes longues de 4 cm environ, légèrement échancrées à l'extrémité ce qui forme une sorte de fer de lance. Il brunit à l'automne et demeure sur l'arbre un certain temps après la chute des fll. Celles-ci (p. 55), généralement à 9-11 folioles, virent au jaune clair à l'automne. Les bourgeons (ci-contre) sont noirs.

F. excelsior forma *diversifolia* (Ait.) Lingelsh a des fll. simples, c'est-à-dire à une seule foliole (p. 33), mais peut aussi en avoir 3. Cela mis à part, il est semblable à *F. excelsior*.

Frêne pleureur

F. excelsior cv. 'Pendula' a des branches qui se dirigent curieusement vers le sol, formant un arbre en forme de dôme. Fl. et fll. sont semblables à celles de *F. excelsior*.

Fraxinus latifolia Benth.
Originaire de l'O. de l'Amérique du N., son bois y est très apprécié. Il peut atteindre 23 m. Fl. mâles et femelles (toutes ci-contre) s'ouvrent en avril sur des sujets séparés. Les fr. (extrême droite), de 2,5-5 cm, apparaissent en grappes denses. Les fll. (p. 53) ont 5-9 folioles assez larges, les latérales étant sessiles. L'écorce est gris foncé ou teintée de rouge, à larges sillons squameux.

Frêne à fleurs,
frêne à manne

Fraxinus ornus L.
Originaire d'Europe méridionale et d'Asie Mineure, il est cultivé comme arbre d'ornement dans d'autres parties de d'Europe. Les rameaux laissent suinter une sève douce, la manne, qui possède certaines propriétés laxatives. C'est un arbre de 15-20 m. Les fl. (ci-contre) possèdent des pétales bien évidents. Elles s'ouvrent en mai-juin en panicules denses de 7,5-10 cm de long. Le fr. (extrême droite) est étroit, de 2,5 cm de long environ. Les fll. (p. 53), à 5-9 folioles dentées, sont assez variables en taille et en forme.

Fraxinus pennsylvanica Marsh.
Originaire d'Amérique du N. centrale et orientale, il est également cultivé pour son bois dans l'E. et le S. de l'Europe. C'est un arbre de 12-18 m. Fl. mâles et femelles (ci-contre) apparaisent en avril sur des sujets séparés, au moment même de la foliation. Le fr., de 2,5-6,2 cm de long, peut être pointu à l'extrémité. Les fll. (p. 53), à 7-9 folioles, peuvent ressembler à celles de *F. latifolia* mais les latérales ont de courts pétioles. L'écorce (extrême droite) est sillonnée, squameuse et parfois teintée de rouge.

Fraxinus velutina Torr.
Originaire du S.-E. des Etats-Unis et du Mexique, son bois tendre était utilisé en Arizona pour la fabrication de chariots. C'est un arbre de 7,50-12 m. Fl. mâles et femelles (ci-contre) naissent en avril sur des sujets séparés. Les fr. (extrême droite), de 1,2-1,8 cm de long, ont leur aile notablement échancrée à l'extrémité et ne mesurant que la moitié de la longueur du fr. Les fll. (p. 53), à 5, parfois 7 ou 3 folioles, sont pubescentes soyeuses. L'écorce est gris foncé, largement sillonnée, se fissurant en écailles. Les pousses sont veloutées.

Arbre aux quarante écus

Ginkgo biloba L.,
famille des Ginkgoacées
C'est l'unique représentant d'un type de plante qui était très répandu dans les temps anciens. Originaire de Chine, il est cultivé pour les jardins, les alignements et les parcs sous tous les climats tempérés. C'est un arbre à fll. cad. de 30 m. Les fl.naissent sur des sujets séparés : les mâles (extrême gauche), de 2,5-3,7 cm, libérant leur pollen en mars, les femelles, minuscules, sur des pédoncules de 5 cm environ, donnant un fr. (ci-contre) contenant une amande comestible. La chair se désintègre ensuite, devient gluante et peut rendre les chaussées glissantes. Les fll. (p. 43) sont parfois bilobées comme il est montré ici mais plus souvent en éventail et faiblement lobées. Elles jaunissent à l'automne avant de tomber. L'écorce est brune et liégeuse, se sillonnant de larges craquelures avec l'âge (p. 217), souvent cannelée.

Févier d'Amérique, carouge à miel

Gleditsia triacanthos L., famille des Légumineuses
Cet arbre à fll. cad. et portant de fortes épines ramifiées, originaire du centre de l'Amérique du N., est planté comme ornemental en Europe, particulièrement méridionale. Il peut atteindre 42 m à l'état sauvage. Fl. mâles et femelles s'ouvrent en juin en grappes séparées sur un même sujet. Les chatons mâles (ci-contre) atteignent 5 cm, chaque fl. mesurant environ 0,5 cm de large, les femelles sont peu denses. Les gousses (extrême droite) mesurent 25-45 cm. Elles sèchent vers octobre et tombent en cours d'hiver. Les fll. (p. 56), à 7-16 paires de folioles, jaunissent à l'automne. L'écorce est brun foncé, sillonnée et squameuse, mais c'est surtout aux fortes épines ramifiées qui en émergent (p. 217) que l'on reconnaît le tronc.

Gymnocladus dioica (L.) K. Koch, famille des Légumineuses, **chicot du Canada**
Originaire de l'E. et du centre des Etats-Unis où ses graines grillées et moulues donnent, paraît-il, une boisson rappelant le café, il peut atteindre 33 m. Fl. mâles et femelles s'ouvrent en juin sur des sujets séparés : les mâles en grappes de 7,5-10 cm de long, les femelles en grappes trois fois plus grosses, chacune de 1,8-2,5 cm de long. Les fll. (p. 59) sont divisées ou bipennées.

Halesia monticola (Rehd.) Sarg., famille des Styracacées
Originaire du S.-E. des Etats-Unis, il est cultivé comme ornemental dans les Etats de l'E. ainsi qu'en Europe en raison de sa croissance rapide et de sa floraison abondante, du moins tant qu'il est assez jeune. C'est un arbre de 25-30 m à l'état sauvage. Les fl. (extrême gauche) s'ouvrent en mai avec les fll., chacune de 2,5 cm de long. Le fr. (ci-contre) mesure 3,7-5 cm. Les fll. (p. 26) sont pubescentes à leur apparition.

Ilex, famille des Aquifoliacées, **houx**
Arbres et arbustes à fll. cad. ou persist. Fl. mâles et femelles sur des sujets séparés. Fr. à pulpe peu épaisse, contenant 1 ou plusieurs graines vénéneuses.

Ilex × *altaclarensis* (Loud.) Dallim.
Il s'agit d'un groupe d'hybrides toujours verts entre *I. aquifolium* et *I. perado*. De nombreux cultivars ont été obtenus, la plupart à fll. plus grosses et moins piquantes, à fl. et à fr. plus gros que chez le houx commun. Il peut atteindre 15 m.
I. × *altaclarensis* cv. 'Camelliifolia'
C'est un clone femelle dont les fl. (ci-contre) s'ouvrent en mai, donnant un fr. (extrême droite) de 1,2 cm de diamètre environ, qui est mûr vers novembre. Les pousses, les pétioles et la base des pétales sont teintés de pourpre. Les fll. (p. 36) peuvent mesurer jusqu'à 12,5 cm de long et porter parfois quelques courtes épines.

Ilex × *altaclarensis* cv. 'Golden King'
En dépit de son nom, c'est un clone femelle. Les fl. s'ouvrent en mai. Le fr. (ci-contre), de 1 cm de diamètre environ, mûrit en septembre. Les fll. sont très décoratives (p. 36), entières et marginées de jaune. Certaines peuvent être totalement jaunes (ci-contre).

Ilex × *altaclarensis* cv. 'Hendersonii'
Les fl. de ce clone femelle s'ouvrent en mai et les gros fr. épars (extrême droite), de 1,2 cm de diamètre environ, mûrissent en décembre. Les fll. (p. 36) sont larges, vert mat, à quelques épines. Les pousses sont généralement vertes.

Ilex × *altaclarensis* cv. 'Hodginsii'
Il s'agit d'un clone mâle qui ne produit donc pas de baies. Les fl. (ci-contre), marquées de pourpre, de 1,2 cm de diamètre environ, s'ouvrent en mai. Les fll. (p. 36) rappellent celles de 'Hendersonii' mais elles sont luisantes. Les pousses sont teintées de pourpre. Ce cultivar est très résistant à la pollution atmosphérique, de sorte qu'on peut le planter dans les régions industrielles.

Ilex × *altaclarensis* cv. 'Wilsonii'
Clone femelle aux fl. s'ouvrant en mai, aux baies (extrême droite) de 1 cm de diamètre environ, mûrissant en novembre. Les fll. (p. 36), vert brillant, portent plus d'épines que les clones précédents (4-10 de chaque côté). Epines et marges des fll. sont jaune clair.

Houx commun

Ilex aquifolium L.
Cet arbre à fll. persist., originaire d'Asie occidentale et d'Europe, est très répandu en Europe et en Amérique du N. comme ornement ou espèce de sous-bois. Le bois dur peut être tourné, utilisé en marqueterie, gravé, etc. Les baies rouge vif sont bien connues en Europe comme décoration de Noël. Il peut atteindre 25 m. Les fl. (ci-contre : les mâles sur les rameaux supérieurs, les femelles dessous), de 0,8 cm de diamètre environ, donnent des baies à 4 graines (extrême droite), de 0,8 cm de diamètre également, en novembre-décembre. Les fll. (p. 36) sont typiques : vernissées, ondulées et très épineuses, elles sont néanmoins parfois dépourvues d'épines chez les vieux sujets. L'écorce (p. 217) est grise, lisse, marquée de quelques taches sombres. Souvent, les gens gravent leurs initiales sur le tronc des houx. De nombreuses variétés ont été produites dont certaines sont détaillées ci-après.

Ilex aquifolium cv. 'Argentea marginata'
Les fl. de ce cultivar femelle de *I. aquifolium*, semblables à celles du type, donnent des baies de 0,8 cm de diamètre, mûres en novembre. Les fll. (p. 36) sont vertes, marginées de crème.

Ilex aquifolium cv. 'Aurea marginata'
Il est similaire à 'Argentea marginata' mais étroitement marginé de jaune et non de crème. Cette différence est mieux visible sur la photographie des fll. (p. 36). Les baies (extrême droite), de 0,8 cm de diamètre environ, mûrissent en novembre.

Ilex aquifolium bacciflava (West.) Rehd.
Fll. et fl. (ci-contre) sont semblables à celles du houx commun mais les baies sont jaune vif (extrême droite).

Houx hérisson

Ilex aquifolium cv. 'Ferox'
Il s'agit d'un clone mâle, ne portant donc pas de baies, ce qui est largement compensé par ses fll. originales (ci-contre avec les fl. et p. 36), à la face supérieure hérissée d'épines. Les fll. sont plus petites que celles du houx commun (3,7 cm environ).

Ilex aquifolium v. 'Recurva'
Il s'agit également d'un cultivar mâle aux fl. montrées à l'extrême droite. Les fll. (p. 36) sont petites — 3,7-5 cm — et recourbées vers l'arrière.

Ilex dipyrena Wall.
Cet arbre à fll. persist., originaire de l'Himalaya et d'Extrême-Orient, est cultivé comme ornemental dans les grands jardins et les collections botaniques. Il peut atteindre 12 m. Les fl. mâles (ci-contre) apparaissent en inflorescences denses aux aisselles des fll. Les fr. (extrême droite), de 1,2 cm de long sont répartis le long des rameaux. Les fll. (p. 36), vert mat, ont peu ou pas d'épines chez les vieux sujets.

Houx d'Amérique

Ilex opaca Ait
Arbre à fll. persist. originaire du centre et de l'E. des Etats-Unis, où il a donné de nombreux hybrides et variétés cultivées. Le bois est similaire à celui de *I. aquifolia* et les branches couvertes de baies servent en Amérique du N. aux décorations de Noël. Il mesure 12-15 m à l'état sauvage. Les fl. s'ouvrent en juin, mâles et femelles (ci-contre) sur des sujets séparés. Les baies (extrême droite), de 0,6 cm de diamètre environ, mûrissent en novembre et demeurent sur l'arbre en hiver. Les fll. (p. 36) sont mates et très épineuses, mais chez les vieux sujets les supérieures ont parfois des marges entières.

Ilex pernyi Franch.
A fll. persist., originaire de Chine centrale et occidentale, il doit son nom au missionnaire français Paul Perny qui le découvrit. Il est cultivé aujourd'hui comme ornemental pour les jardins et les collections. Il mesure 6-9 m. Les fl. (ci-contre) jaunâtres s'ouvrent en juin, de 0,3-0,6 cm chacune. Le fr. (extrême droite), de 0,6 cm de diamètre, est sessile. Il mûrit en novembre. Les fll. (p. 36) sont petites, de 1,2-5 cm de long, de forme typique.

Juglans, famille des Juglandacées, **noyer**
Juglans ailantifolia Carr.
Originaire du Japon. Hauteur : jusqu'à 15 m. Chatons mâles : jusqu'à 30 cm. Fr. de 5 cm de long environ. Fll. (p. 57) à 11-17 folioles pointues, pubescentes en dessous. Ecorce (p. 218) gris clair à craquelures verticales foncées.

Juglans cinerea L., **noyer cendré**
Originaire de l'E. de l'Amérique du N. Hauteur : 15-18 m. Chatons mâles de 5-10 cm de long. Fr. de 3,7-6,2 cm de long. Fll. (p. 58) à 7-19 folioles, velues dessus au début.

Noyer noir

Juglans nigra L.
Originaire de l'E. et du centre des Etats-Unis, où y est cultivé dans les Etats de l'E. ainsi qu'en Europe comme ornemental. Il mesure 25-30 m, parfois plus. Fl. mâles et femelles (extrême gauche) s'ouvrent fin mai ou début juin, les chatons mâles de 5-10 cm de long environ. Le fr. (ci-contre) mûrit en octobre, rond, parfois ovale, de 3,7-5 cm de diamètre environ. Les fll. (p. 58) ont 11-23 folioles, la terminale souvent absente. L'écorce (p. 218) est brun foncé, fissurée d'un réseau de sillons étroits.

Noyer commun

Juglans regia L.
Il est cultivé depuis si longtemps en Europe et dans certaines parties de l'Asie que son origine est incertaine. Le bois est très apprécié en placage et mobilier, le fr. se consomme frais ou au vinaigre. Il mesure jusqu'à 30 m. Les fl. (extrême gauche) s'ouvrent en juin, les chatons mâles de 5-10 cm de long environ. Le fr. (ci-contre) est lisse, de 3,7-5 cm de diamètre environ. Les fll. (p. 54) ont 5-7 folioles, parfois plus. Les pousses sont glabres. L'écorce est lisse, grise, profondément craquelée.

Juniperus, famille des Cupressacées, **genévrier**
Conifères — arbres et arbustes — toujours verts. Le feuillage est de 2 types : le jeune, en aiguilles groupées par 2 ou 3, l'adulte, en écailles étroitement appliquées. Chez certaines espèces, les deux formes coexistent sur le sujet adulte, d'autres perdent le feuillage juvénile. Les fl. mâles et femelles apparaissent généralement sur des sujets séparés. Le fr. en forme de baie est en réalité un cône fait de 3-8 écailles agglomérées. Froisé, le feuillage dégage une odeur caractéristique.

Genévrier chinois

Juniperus chinensis L.
Originaire du Japon, de Chine et de Mongolie, il est souvent arbustif mais peut atteindre 18 m. Les fl. mâles (ci-contre) libèrent leur pollen en mars, les femelles — généralement sur un autre sujet — se développent en cônes (extrême droite) de 0,6 cm de diamètre environ. On trouve sur les sujets adultes les deux types de feuillage (p. 12), les aiguilles juvéniles étant groupées par 3.

Genévrier commun

Juniperus communis L.
Il est originaire d'Amérique du N. septentrionale et du S.-E. asiatique. Le fr. est bien connu pour aromatiser le gin et divers plats, mais on en tire également une huile, un diurétique et, en Norvège, une bière. C'est en général un arbuste étalé, parfois un arbrisseau de 2-4 m. Les fl. (ci-contre) s'ouvrent en mars ; le fr. (extrême droite), de 0,6 cm de diamètre, est noir violacé à maturité, dans sa seconde ou troisième année. Le feuillage est uniquement du type « aiguilles », par verticilles de 3, marquées dessus d'une marge bande blanche et grises dessous. Il existe de nombreuses variétés cultivées.

Genévrier de Syrie

Juniperus drupacea Labill.
Originaire des montagnes de Syrie, de Grèce et d'Asie Mineure, il mesure 9-15 m. Les fl. mâles (ci-contre) sont disposées en petites grappes, jaunes quand elles s'ouvrent, en mars. Le fr., de 2,5 cm de diamètre, est brun foncé ou noir violacé. Le feuillage (p. 12) est constitué d'aiguilles acérées de 1,2-2,5 cm, à 2 bandes blanches dessus. Le type adulte, en écailles, n'apparaît pas.

Genévrier du Mexique

Juniperus flaccida Schlecht.
Originaire du Mexique et du Texas, il est cultivé en Europe, surtout méridionale, dans les jardins et les collections. Il peut atteindre 9 m, avec de longues branches tombantes. Les fl. mâles (extrême droite) s'ouvrent en mars ; le fr. est brun rougeâtre, de 1,2 cm de large. Le feuillage (p. 12) offre les 2 types de fll.

Juniperus monosperma Sarg.
Originaire du S.-E. des Etats-Unis, il est parfois cultivé comme ornemental. Il mesure 9-15 m. Les fl. (femelles ci-contre) s'ouvrent en mars. Le fr. (extrême droite), de 0,6 cm de diamètre environ, à une seule graine, est bleu-gris à maturité. Le feuillage (p. 12) offre les 2 types de fll., les jeunes disparaissant éventuellement sur les vieux sujets.

Genévrier de l'Himalaya

Juniperus recurva D. Don
Ce genévrier original, de 9-12 m, qui nous vient de Chine, de l'Himalaya et de Birmanie, est cultivé dans les jardins et les collections. Fl. mâles et femelles (toutes ci-contre) s'ouvrent en mars sur un même sujet. Le fr. (extrême droite) ovale est pourpre foncé à maturité, dans sa seconde année. Le feuillage (p. 12) est exclusivement du type « aiguilles », étroitement appliquées, vert-gris virant au brun avant de tomber. Elles donnent à l'arbre un aspect désordonné, presque maladif.

Juniperus rigida Sieb. & Zucc.
Originaire du Japon, il est parfois cultivé en Occident comme arbuste décoratif. Haut de 6 m environ, il peut être deux fois plus haut. Fl. mâles et femelles (toutes ci-contre) s'ouvrent en mars sur des sujets séparés, les mâles en rondes grappes jaunes de 0,3 cm de diamètre environ, les femelles, vertes, deux fois plus petites. Le fr. (extrême droite) passe de brun à noir bleuté lors de sa seconde année. Le feuillage (p. 12) est du type « aiguilles », groupées par 3 et portant dessus une bande blanche.

Genévrier de Virginie, genévrier rouge d'Amérique, cèdre de Virginie

Juniperus virginiana L.
Originaire de l'E. et du centre de l'Amérique du N., il est souvent cultivé comme ornemental dans ces régions ainsi que dans l'O. et le centre de l'Europe. Son bois, dont l'odeur agréable présente l'intérêt d'éloigner les mites, était utilisé autrefois pour fabriquer des coffres à vêtements. C'est le plus grand des genévriers de jardins : il mesure 15 m environ, parfois le double. Fl. mâles et femelles (ci-contre) s'ouvrent en mars, parfois sur un même sujet, le plus souvent séparées. Les mâles sont rondes, jaunes, les femelles plus petites et vertes. Le fr., de 0,3-0,6 cm de long, est bleu. Le feuillage (p. 12) offre les deux types — les aiguilles généralement par paires, les écailles aiguës. Il existe plusieurs variétés cultivées : le cv. 'Glauca' est montré à l'extrême droite avec ses baies et son feuillage glauque.

Kalopanax pictus (Thunb.) Nakai, famille des Araliacées
Originaire du Japon, de Russie orientale, de Chine et de Corée, c'est un arbre qui rappelle l'érable, mais à fl. alternes et à fortes épines jaunes parsemant branches et rejets. De 25-28 m à l'état sauvage, il est généralement plus petit en culture. Les petites fl. blanches s'ouvrent en août et septembre en inflorescences arrondies, groupées en tête pouvant atteindre 60 cm de diamètre. Le fr. (extrême gauche), minuscule (0,5 cm environ), noircit à maturité et tombe en décembre. Les grandes fll. (jusqu'à 18-25 cm de large), à 5 ou 7 lobes, généralement incisées jusqu'au tiers de leur surface, sont pubescentes en dessous dans leur jeunesse (voir photo de gauche). L'écorce (ci-contre) est gris foncé, sillonnée, souvent porteuse de protubérances et d'épines.
K. pictus var. *maximowiczii* (Van Houtte) Li. Originaire du Japon, on le confond souvent dans les jardins et les collections avec le type. Ses feuilles sont plus profondément lobées (p. 44).

Savonnier

Koelreuteria paniculata Laxm., famille des Sapindacées
Arbre à fll. cad., originaire de Chine, de Corée et du Japon, c'est un arbre d'ornement pour grands jardins et collections. Il mesure 9-18 m de haut. Les fl. (ci-contre) s'ouvrent en juillet, en panicules pouvant atteindre 30 cm de long, chaque fl. de 1,2 cm. Le fr. (extrême droite) est encore plus spectaculaire, chaque capsule vésiculaire rouge, de 3,7-5 cm de long, contenant 3 graines noires. Les fll. (p. 57), à 9-15 folioles, jaunissent à l'automne.

+ *Laburnocytisus adamii* (Poiteau) Schneid., famille des Légumineuses
Chimère entre *Cytisus purpureus* greffé sur *Laburnum anagyroides*, c'est un arbre fascinant. Il produit à la fois sur des rameaux longs des grappes pendantes de fl. fertiles de *Laburnum anagyroides* et sur des rameaux courts des bouquets de fl. roses de *Cytisus purpureus*, des grappes pendantes de fl. chamois, stériles, ou de fl. jaunes mélangées de fl. chamois, stériles. De 7,50 m de haut, il est cultivé comme curiosité plus que comme ornement du fait de son aspect désordonné hors de la période de floraison. Les fll. sont montrées p. 50.

Laburnum, famille des Légumineuses
Petit groupe d'arbres à fll. cad. Fll. à 3 folioles et fl. en grosses grappes, rappelant les fl. de pois. Le fr. est une gousse contenant des graines vénéneuses. Le bois peut être utilisé en ébénisterie comme substitut de l'ébène.

Laburnum alpinum (Mill.) Bercht. & Presl
Ce petit arbre originaire des Alpes, de Yougoslavie et de Tchécoslovaquie, est depuis longtemps cultivé en Europe. Il atteint 6 m environ. Les fl. (ci-contre) s'ouvrent en juin-juillet en grappes dressées, plus denses et plus grosses que chez *L. anagyroides.* Chaque fl. (1,8 cm de long environ) possède un pédoncule glabre. Les gousses mesurent de 5-7,5 cm de long. Les fll. (p. 50) sont moins pubescentes que chez *L. anagyroides.*

Aubour, faux ébénier

Laburnum anagyroides Med.
Originaire d'Europe centrale et méridionale, il est largement cultivé à travers l'Europe comme arbuste ou petit arbre d'ornement (6-9 m). Les fl. (ci-dessus à droite) s'ouvrent en mai-juin, de 2,5 cm chacune. Les gousses (ci-contre), de 5-7,5 cm, ressemblent à celles de *L. alpinum* mais avec des marges épaissies. Les fll. (p. 50) sont légèrement pubescentes en dessous.

Laburnum × *watereri* (Westtst. Dipp. cv. 'Vossii'
Cet hybride entre *L. anagyroides* et *L. alpinum* produit des fl. de 2,5 cm, en longues grappes pendantes (extrême droite) qui s'ouvrent en juin. Le feuillage (p. 50) est plus épais que chez *L. anagyroides.* Les infrutescences ne portent que quelques fruits dispersés.

Larix, famille des Pinacées, **mélèze**
Conifères à fll. cad., en aiguilles, groupées. Fl. mâles et femelles séparées, sur un même sujet. Le fr. est un cône ligneux qui demeure sur l'arbre après la libération des graines.

Mélèze d'Europe, mélèze commun

Larix decidua Mill.
Originaire des montagnes d'Europe centrale et méridionale, il est cultivé comme ornement et pour constituer des rideaux protecteurs en Europe comme en Amérique du N. C'est un arbre de 30-42 m. Fl. mâles et femelles (extrême gauche) s'ouvrent fin mars, début avril, les mâles jaunissant à la libération du pollen, les femelles, de 1 cm de long, se redressant pour pointer verticalement, claires, presque blanches. Les cônes (ci-contre) virent du vert au brun à l'automne ; ils peuvent être longs — 4,5 cm environ — ou courts et ovales — 1,5-3 cm — avec chaque écaille légèrement ondulée. Les fll. (p. 23) virent au jaune doré en novembre avant de tomber. L'écorce est grise ou gris rosâtre, verticalement craquelée et sillonnée d'écailles.

Mélèze de Dunkeld

Larix × eurolepis A. Henry
Cet hybride entre *L. decidua* et *L. kaempferi*, créé en Ecosse à la fin du siècle dernier, est planté comme essence forestière et pour constituer des rideaux protecteurs. Ses caractères peuvent varier, toujours entre ceux des parents. Il atteint environ 30 m. Les fl. (extrême gauche) s'ouvrent en mars ; les femelles, de 1 cm environ, varient du pourpre au crème teinté de rouge. Les cônes (ci-contre) sont longs — 3-4 cm environ — aux écailles généralement tournées vers l'extérieur mais moins spectaculairement que chez *L. kaempferi*. Le feuillage (p. 23) est constitué d'aiguilles, vert foncé dessus, à 2 bandes grises dessous. L'écorce brun noirâtre se fissure en écailles.

Larix gmelinii (Rupr.) Kuzeneva
Originaire de Sibérie, il est cultivé dans les collections botaniques. Il atteint 30 m à l'état sauvage. Les fl. (extrême gauche) s'ouvrent début mars ; les mâles jaune verdâtre devenant jaunes à la libération du pollen ; les femelles rouges et vertes, de 0,5-1 cm, mûrissant en cours d'été pour donner un cône pourpre, qui brunit finalement (ci-contre) en octobre ou novembre, s'ouvrant pour libérer les graines. Les cônes mesurent 2,5 cm de long environ, avec des écailles luisantes, rondes, légèrement tournées vers l'extérieur. Les aiguilles (p. 23) sont plates dessus, légèrement carénées dessous. L'écorce (p. 218), brun rougeâtre, se desquame.

Mélèze du Japon

Larix kaempferi (Lamb.) Carr.
Originaire du Japon, c'est une essence forestière importante dans l'O. de la Grande-Bretagne.
C'est un arbre de 25-30 m. Les fl. (extrême gauche) s'ouvrent en mars : les mâles, jaunes lorsqu'elles libèrent leur pollen, les femelles, de 1 cm environ, rouges et crème verdâtre, chaque écaille offrant les deux couleurs. Les cônes (ci-contre) sont caractéristiques, généralement plutôt arrondis, de 2,5 cm de diamètre environ. Les bractées retroussées leur donnent l'apparence de petites roses. Les fll. (p. 23) sont vert foncé dessus, à deux bandes de gris dessous. L'écorce, brun rougeâtre foncé, est craquelée ou squameuse.

Tamarack

Larix laricina (Du Roi) K. Koch
Originaire d'une vaste région allant de l'Alaska et du Canada jusqu'en Pennsylvanie, son bois y était autrefois utilisé pour faire des poteaux télégraphiques et des traverses de chemin de fer. Aujourd'hui, il est cultivé comme ornemental dans le N.-E. de l'Amérique du N. et occasionnellement en Europe. C'est un arbre de 18-25 m. Les fl. (extrême gauche) s'ouvrent en mars, plus petites que chez les autres mélèzes : les femelles rouge foncé (moins de 1 cm), les mâles jaunes. Les cônes (ci-contre), de 1,5 cm de long, ont des écailles lisses. Les fll. (p. 23) virent au doré en septembre et octobre.

Mélèze américain

Larix occidentalis Nutt.
Originaire de l'O. de l'Amérique du N., il est cultivé dans les Etats de l'E. ainsi qu'en Europe. En Colombie britannique, c'est une essence forestière importante produisant du bois de charpente, des étais et des traverses. Il est intéressant en parquetage et finitions intérieures. C'est un arbre de 30-60 m. Les fl. (extrême gauche) s'ouvrent en mars, les mâles jaunes, les femelles rouges et vertes, de 1,2 cm de long environ. Les cônes (ci-contre), de 2,5-3,7 cm, portent de fines bractées émergeant des écailles avant la libération des graines (cône du haut). Après celle-ci les écailles se retroussent et les bractées tombent (2 cônes inférieurs). Les aiguilles (p. 23) sont triangulaires, pointues. Elles virent au doré en septembre et octobre. L'écorce est brun-gris et squameuse, brun rougeâtre chez les vieux sujets.

Larix potaninii Batal.
Originaire de Chine occidentale et du Tibet, il est cultivé dans les collections botaniques. Il mesure 18-21 m. Les fl. (extrême gauche) s'ouvrent en mars, les mâles d'abord vertes (comme sur la photographie), virant au jaune à la libération du pollen ; les femelles de 1,5 cm de long environ, roses et vertes. Les cônes (ci-contre), de 5 cm de long environ, sont composés d'écailles brunes, luisantes, et de longues bractées en émergeant de 0,5 cm environ. Les rameaux assez forts portent des aiguilles (p. 23) quadrangulaires, à 2 bandes de blanc en dessous. Froissées, elles émettent une forte odeur très caractéristique. L'écorce est brun-gris foncé et squameuse, brun rougeâtre chez les vieux sujets.

Laurier d'Apollon, laurier sauce

Laurus nobilis L., famille des Lauracées
Cet arbre ou arbuste sempervirens est indigène sur tout le pourtour de la Méditerranée. Il est depuis longtemps cultivé pour ses fll. qui aromatisent toutes sortes de plats. Les anciens Romains en tressaient des couronnes pour leurs poètes et leurs héros, mais il peut également décorer jardins et patios. Il est couramment placé en caisse à l'entrée des hôtels, des restaurants, etc. S'il peut atteindre 12-18 m, il est plus souvent bas, buissonnant et taillé à la française. Les fl. apparaissent en mars-avril, sur des sujets séparés, mâles et femelles de 0,5 cm de long. Les femelles sont montrées ci-contre, les mâles portent des anthères pollinisatrices. Le fr. (extrême droite), de 1,2 cm de long environ, noircit à maturité. Les fll. (p. 32) sont vert foncé, presque coriaces, dégageant un arôme prononcé lorsqu'elles sont froissées.

Libocedrus chilensis (D. Don) Endl., voir *Austrocedrus chilensis* (p. 88).

Libocedrus decurrens Torr., voir *Calocedrus decurrens* (p. 92).

Troène

Ligustrum lucidum Ait. f., famille des Oléacées
Originaire de Chine, cet arbre ou arbuste d'ombrage ou d'ornement s'adapte particulièrement bien dans les villes d'Europe. Comme arbre, il mesure environ 15 m, moitié moins en tant qu'arbuste. Les fl. (extrême gauche) s'ouvrent en août et septembre alors que bien peu d'espèces sont en fl. A maturité, le fr. est une baie noire, ovale, de 1,2 cm de long. Les fll. (p. 32) sont également dignes d'attention, vert foncé très brillant dessus. L'écorce (ci-contre) est lisse, gris foncé striée de clair.

Liquidambar orientalis Mill., famille des Hamamélidacées, est un arbre à fll. cad., originaire d'Asie Mineure ; de 30 m de haut à l'état sauvage. Les fll. (p. 44) sont glabres, à lobe terminal plus arrondi et à autres lobes plus profondément dentés que chez *L. styraciflua*.

Copalme d'Amérique

Liquidambar styraciflua L.
A fll. cad., originaire de l'E. des Etats-Unis et d'Amérique centrale, c'est un arbre qui atteint 45 m à l'état sauvage. Les fl. (ci-contre) s'ouvrent en mai : les mâles en boules disposées sur un épi de 5-7,5 cm de long ; les femelles solitaires ou par paires, de 1,2 cm de large. Le fr. (extrême droite) mesure 2,5-3,7 cm de diamètre. Les fll. (p. 44), à 5, parfois 7 lobes, finement dentées, portent dessous des touffes de poils rouille aux aisselles des nervures. A l'automne, elles prennent des teintes pourpres, rouge foncé et orange (p. 188).

Liriodendron chinense (Hemsl.) Sarg., famille des Magnoliacées, **tulipier de Chine**
Arbre à fll. cad., originaire de Chine, il est semblable à *L. tulipifera,* mais généralement plus petit, à fll. (p. 43) plus étroites au milieu. Les fl. orange clair, de 6 cm de diamètre, s'ouvrent en juillet.

Tulipier de Virginie

Liriodendron tulipifera L.
Arbre à fll. cad., originaire de l'E. de l'Amérique du N., il y est cultivé comme ornemental dans les Etats de l'E., son bois étant utilisé dans toute l'Amérique du N. pour les aménagements intérieurs. On extrayait autrefois de l'écorce un stimulant cardiaque. Il mesure 45-58 m à l'état sauvage. Les fl. (extrême gauche) s'ouvrent en juin et juillet, chaque pétale de 3,7 cm de long. Le fr. (ci-contre), de 5 cm de long environ, vire du vert au brun en septembre, à maturité. Les fll. (p. 43), à 4 lobes, virent à l'orange et au jaune à l'automne (p. 188 et ci-contre).

Lithocarpus densiflorus (Hook. & Arn.) Rehd., famille des Fagacées
Arbre à fll. persist., originaire de Californie et d'Oregon, son écorce est utiliseé pour tanner le cuir. Il mesure 21 m, parfois le double. La floraison est irrégulière, se produisant en avril ou mai puis de nouveau en septembre. Les fl. mâles (ci-contre) s'ouvrent en chatons de 7,5-10 cm de long. Les femelles, rares, naissent généralement sous les chatons mâles et donnent des glands de 1,5-2,5 cm en deux ans (extrême droite). Les glands d'un an sont montrés avec les fl. Les fl. (p. 26), 12-14 paires de nervures parallèles, sont couvertes, jeunes, d'un épais duvet laineux orange clair ; elles deviennent lisses et luisantes avec l'âge. Les pousses sont également couvertes de ce duvet. L'écorce est épaisse, fisurée en écailles.

Oranger des Osages, bois d'arc

Maclura pomifera (Raf.) Schneid., famille des Moracées
C'est un arbre à fll. cad., originaire du S. et du centre des Etats-Unis — de l'Arkansas et l'Oklahoma au Texas. Autrefois utilisée pour tanner le cuir, l'écorce donne aussi une teinture jaune. Les Indiens Osage faisaient des armes avec son bois. Il est cultivé comme arbre de haies dans le Mississippi et d'ornement dans les Etats de l'E. et parfois en Europe. Il atteint 12 m. Fl. mâles et femelles naissent sur des sujets séparés. Elles s'ouvrent en juin, les mâles (extrême gauche) de 1,5-2,5 cm de diamètre, les femelles sur des pédoncules plus courts, mais de même taille et vertes. Le fr. (ci-contre), de 7,5-12,5 cm de diamètre, est lourd, jaunissant à maturité et tombant en novembre, il laisse suinter à la blessure une sève laiteuse. Les fll. sont montrées p. 35.

Magnolia, famille des Magnoliacées
Arbres et arbustes à fll. cad. ou sempervirentes, à grandes fl. contenant les organes des deux sexes. Fll. simples, entières, alternes. Ecorce souvent fortement aromatique. Ils doivent leur nom à Pierre Magnol qui était professeur de botanique et de médecine à Montpellier à la fin du XVIIe siècle.

Magnolia à feuilles acuminées

Magnolia acuminata L.
Arbre de forêt à fll. cad., originaire de l'E. de l'Amérique du N. ; il est cultivé comme ornemental dans les Etats de l'E. et en Europe. Il mesure 18-27 m. Les fl. (ci-contre non entièrement ouvertes) s'ouvrent en mai-juin, avec des pétales dressés de 5-7,5 cm. Le fr. (extrême droite), de 7,5 cm de long environ, ressemble un peu à un concombre quand il est jeune et vert. Les fll. sont montrées p. 28.

Magnolia de Campbell

Magnolia campbellii Hook. f. & Thoms.
Arbre à fll. cad., originaire de Chine, il est largement cultivé pour sa magnifique floraison. Il atteint environ 18 m, parfois le double à l'état sauvage ; le tronc est souvent ramifié. Les fl. (ci-contre) s'ouvrent en avril-mai, de 25 cm environ, de rose foncé ou clair à blanc. Le fr. mesure 20 cm de long environ. Les fll. sont montrées p. 28.

Magnolia cordata Michx.
Ce petit arbre ou arbuste à fll. cad., originaire du S.-E. des Etats-Unis, peut atteindre 6 m. Les fl. (extrême droite) sont petites — à pétales de 3,7 cm environ. Le fr., de 2,5-3,7 cm de long, est rouge, souvent courbe. Les fll. (p. 32) sont plus arrondies que chez la plupart des magnolias, souvent en cœur à la base.

Magnolia denudata Desrouss.
A fll. cad., originaire de Chine, ce petit arbre de 9-14 m est depuis longtemps cultivé comme ornemental. Les boutons hivernaux velus s'ouvrent en avril pour produire des fl. blanc crémeux (ci-contre), généralement à 9 pétales de 6 cm de long environ. Le fr. est cylindrique, de 11 cm de long, les fll., de 8-15 cm de long, sont effilées à l'extrémité.

Magnolia de Fraser

Magnolia fraseri Walt.
Originaire du S.-E. des Etats-Unis, c'est un arbre à fll. cad. de 9-12 m. Les fl. très odorantes (extrême droite) s'ouvrent en mai et juin, avec des pétales de 7,5-10 cm de long. Le fr. est rouge, de 10-12,5 cm, libérant des graines écarlates. Les fll. (p. 28) ont une forme caractéristique.

Magnolia d'Amérique, magnolia à grandes fleurs

Magnolia grandiflora L.
A fll. persist., originaire du S. des Etats-Unis, c'est un arbre de 18-30 m à l'état sauvage. Les fl. odorantes (ci-contre) s'ouvrent en juillet jusqu'à octobre en Europe, mais généralement plus tôt en Amérique du N. Elles mesurent, pleinement ouvertes, 20-25 cm de diamètre. Le fr. est orangé, cylindrique, de 5 cm de long. Les fll. (p. 27) vert brillant dessus, portent dessous une dense pubescence orange.

Magnolia hypoleuca Sieb. & Zucc., synonyme de *M. obovata* Thunb.
Originaire du Japon, c'est un arbre à fll. cad. de 15-25 m et plus. Les fl. très odorantes (extrême droite) s'ouvrent en juin-juillet, de 20 cm de diamètre. Le fr. est rouge, de 12,5-20 cm de long. Les fll. (p. 28), plus larges que chez la plupart des magnolias, ont tendance à se grouper à l'extrémité des pousses.

Magnolia kobus DC.
Originaire du Japon, c'est un arbre à fll. cad. de 9-12 m. Les fl. (ci-contre), de 10 cm de diamètre environ, sont, en bouton, pubescentes. Elles s'ouvrent en avril. Le fr. est rose, de 5 cm de long, se désintégrant entièrement pour libérer des graines rouges qui restent suspendues à un filament avant de tomber. Les fll. sont montrées p. 27.

Magnolia × *loebneri* Kache cv. 'Léonard Messel'
Il s'agit d'un hybride obtenu en culture entre *M. kobus* et une forme arbustive rose de *M. stellata*. Les fl. (extrême droite) sont produites à profusion en avril, chacune à 12 pétales étroits de 5 cm de long environ, rose pâle à l'extérieur. Les fll. sont montrées p. 32.

Magnolia feuille de saule

Magnolia salicifolia (Sieb. & Zucc.) Maxim.
Originaire du Japon, c'est un arbre à fll. cad. de 6-12m. Les fl. (ci-contre), de 7,5-10 cm de diamètre, s'ouvrent en mars. Le bouton floral est velu. Le fr., de 5-7,5 cm de long, est rose et ses graines écarlates. Les fll. sont montrées p. 24. Entaillée, l'écorce dégage une odeur de citron.

Magnolia × *soulangeana* Soulange-Bodin
Cet hybride obtenu en culture entre *M. denudata* et une forme arbustive de *M. lilliflora* est répandu en Europe sous toutes ses formes. En tant que petit arbre, il peut atteindre 7,5 m. Les fl. (extrême droite) s'ouvrent en avril, chacune à pétales de 7,5-10 cm de long. De nombreux cultivars ont été produits, tous à pétales blancs marqués de rose violacé à l'extérieur. Une fll. est montrée p. 27.

Magnolia parasol

Magnolia tripetala L.
A fll. cad., originaire de l'E. de l'Amérique du N., où il est largement cultivé dans les Etats du N. ainsi qu'en Europe. Il atteint 9-12 m. Les fl. (ci-contre) très odorantes s'ouvrent en mai, à pétales extérieurs de 10-12,5 cm. Le fr. (extrême droite) est long de 10 cm. Les graines sont écarlates. Les fll. (p. 28) sont grandes, caractéristiquement atténuées à la base. Leur manière de s'étaler en parasol a donné son nom commun à l'arbre.

Magnolia de Veitch

Magnolia × *veitchii* Bean
Cet hybride à fll. cad. entre *M. campbellii* et *M. denudata* a été obtenu au début du siècle par Peter Veitch en Angleterre. Il a jusqu'ici atteint 28 m. Les fl. s'ouvrent en avril, de 15 cm de long environ, rose pâle bien qu'il existe des clones à fl. blanches. Les fll. (p. 28) sont violacées au début devenant vert foncé en été.

Magnolia de Virginie

Magnolia virginiana L.
Originaire de l'E. des Etats-Unis, c'est un arbre de 9 m environ, à fll. persist. dans la zone méridionale de son habitat naturel, cad. dans le N. Ses fl. odorantes (ci-contre) sont produites de juin à septembre, chacune de 5-7,5 cm de large. Le fr. est rouge, de 5 cm de long environ, à graines écarlates. Les fll. (p. 35) sont plus petites que chez la plupart des magnolias.

Magnolia de Wilson

Magnolia wilsonii
(Fin. & Gagnep.) Rehd.
Originaire de Chine, c'est un arbuste ou un petit arbre de 7,50 m. Les fl. (extrême droite) sont odorantes, de 7,5-10 cm de diamètre. Elles s'ouvrent en mai et juin, pendantes sous les rameaux. Le fr. est rose, de 5-7,5 cm de long, libérant en septembre des graines rouges et luisantes. La face inférieure des fll. (p. 27) est veloutée.

Malus, famille des Rosacées, **pommier**
Arbres à fll. cad., à fll. simples, dentées. Fl. groupées, de blanches à rose vif. Fr. charnu, rond ou ovale. On cultive de nombreuses formes pour leurs fleurs ou leurs fruits.

Pommier microcarpe de Sibérie

Malus baccata (L.) Borkh.
Originaire d'une vaste zone — de l'E. de la Sibérie à la Mandchourie et au N. de la Chine — c'est un arbre de 6-15 m. Les fl. (extrême gauche) s'ouvrent en avril, de 3,7 cm de diamètre chacune. Elles se reconnaissent à leurs pétales étroits et écartés. Le fr. (ci-contre), de 1-2 cm de diamètre, peut être jaune et persiste sur l'arbre en hiver. Les fll. (p. 37) sont assez allongées.

Malus coronaria (L.) Mill.
Petit arbre originaire de l'E. de l'Amérique du N. Il est cultivé comme ornemental dans les jardins. Il mesure 6-9 m. Les fl. (extrême gauche) s'ouvrent en mai et juin, d'odeur agréable, de 2,5-5 cm de diamètre chacune, en grappes de 4-6. Les fr. (ci-contre), de 2,5-3,7 cm de diamètre, sont mûrs en octobre, mais difficilement comestibles parce que très acides. Les fll. (p. 37), presque trilobées, jaunissent à l'automne.
M. coronaria cv. 'Charlottae' est une variété cultivée à fl. doubles teintées de rose, à fll. se colorant bien à l'automne.

Malus florentina (Zucc.) Schneid.
Arbuste ou petit arbre d'Italie du N., il offre quelque ressemblance avec l'épine blanche. Les fl. (extrême gauche), de 1,8 cm de diamètre environ, groupées par 5-7, s'ouvrent en juin. Les fr. (ci-contre) ovales, de 1,2 cm de long, virent du jaune au rouge à maturité, en octobre. Les fll. (p. 47) sont vert foncé dessus, recouvertes d'un duvet blanc dessous.

Pommier du Japon

Malus floribunda Sieb. ex Van Houtte
Cet arbre du Japon, probablement hybride, est aujourd'hui largement planté dans les jardins et parcs d'Europe pour son abondante floraison. Il mesure 6-9 m. Les fl. (extrême gauche) s'ouvrent fin avril et début mai, de 2,5-3 cm chacune, groupées par 4-7. Le fr. (ci-contre), de 2 cm de diamètre environ, jaunit en octobre, à maturité. Les fll. sont parfois lobées, généralement plus dentées que celles figurant p. 37.

Malus fusca (Raf.) Schneid.
Originaire de l'O. de l'Amérique du N., où il est parfois cultivé dans l'O. ainsi qu'en Europe. Son bois dur et lourd était autrefois utilisé en Amérique occidentale pour fabriquer outils, manches, etc. Il mesure 6-12 m. Les fl. (extrême gauche), de 1,8 cm de diamètre, s'ouvrent, groupées par 6-12, en mai. Les fr. (ci-contre) sont ovales, de 1,2-2 cm, rouges ou jaunes. Leur saveur âpre est agréable. Les fll. (p. 37) virent au rouge vif et à l'orange à l'automne.

Malus hupehensis (Pampan.) Rehd.
Originaire d'une zone allant de l'Himalaya au centre et à l'O. de la Chine où l'on fait une tisane de ses fll., il est cultivé dans les jardins d'Europe pour sa floraison printanière. Il atteint 12 m, ce qui est grand pour un pommier. Les fl. odorantes (extrême gauche) s'ouvrent en avril, de 2,5-3,7 cm chacune, en gros groupes de 3-7. Les fr. (ci-contre), de 0,8 cm de diamètre environ, virent du jaune ou orange au rouge en septembre. Les fll. sont ovales, pointues, de 5-10 cm, généralement arrondies à la base, vert foncé dessus et duveteuses dessous. Jeunes, elles peuvent être teintées de pourpre. L'écorce gris-brun foncé s'exfolie avec l'âge.

Malus ioensis (Wood) Britt.
Originaire du centre des Etats-Unis, il ressemble à *M. coronaria.* Il atteint 9 m. Les fl. (extrême gauche), de 3,7-5 cm de diamètre, s'ouvrent par groupes de 4-6 en juin. Les fr. sont jaunes, verts et ronds, de 3,7 cm de diamètre environ, semblables à ceux de *M. coronaria* mais plus mats. Les fll. (p. 37) et les ramilles sont plus duveteuses.
M. ioensis cv. 'Plena' a de grosses fl. doubles de 5-6,2 cm environ. Il est plus couramment planté dans les jardins américains.

Malus 'Magdeburgensis'
Il s'agit d'un hybride entre *M. spectabilis* et *M. pumila.* Les fl. (ci-contre) s'ouvrent fin avril et mai, de 2,5 cm de diamètre chacune. Les fll. sont montrées p. 37

Malus × purpurea (Barbier) Rehd.
Cet hybride obtenu en France a hérité sa coloration rouge vif de l'un de ses parents qui, lui, ne réussit pas bien en culture. Il atteint 7,50 m. Les fl. (extrême gauche), de 4 cm de diamètre environ, s'ouvrent en avril par groupes de 6-11. Les fr. (ci-contre), de 2 cm de diamètre environ, virent du rouge au pourpre à maturité. Les fll. (p. 37) sont pourpres et lustrées en été, virant au pourpre teinté de vert à l'époque de la fructification (voir photographies ci-contre). Il existe d'autres hybrides pourpres dont l'un, *Malus* 'Profusion', est souvent considéré comme mieux adapté en Europe que *Malus × purpurea.* Ses fl. sont abondantes, cramoisi foncé, mais virant rapidement au rose pâle. Les fll. sont plus grosses, de 7,5 cm de long environ.

Malus spectabilis (Ait.) Borkh.
Cet arbre décoratif a été découvert en Chine déjà en culture. Il atteint 9 m. Les fl. (extrême gauche), abondantes, s'ouvrent en fin avril et mai, de 5 cm environ chacune à épanouissement, groupées par 6-8. Le fr. est rond, jaune, de 2,5 cm de diamètre environ. Les fll. sont ovales ou presque rondes, de 5-7,5 cm de long, arrondies à la base, pointues au sommet. L'écorce (ci-contre) est brun foncé, finement sillonnée, souvent spiralée, se desquamant.

Pommier sauvage, pommier paradis

Malus sylvestris (L.) Mill.
Ce petit arbre de 9 m maximum, indigène en Europe, est rarement cultivé mais c'est par contre le géniteur de nombre de nos pommiers de vergers. Les fl. (extrême gauche), larges de 2,5-3,7 cm, s'ouvrent fin mai. Les fr. (ci-contre), de 2,5 cm de diamètre environ, mûrissent en septembre et octobre, moment où ils se teintent de rouge orangé. Ils sont acides mais font de délicieuses conserves, surtout mélangés à d'autres fr. Les fll. (p. 37) ont généralement un pétiole en partie rouge et les rameaux peuvent porter des épines. L'écorce est brune, fissurée en plaquettes carrées.

Néflier commun

Mespilus germanica L., famille des Rosacées
Cet arbuste ou arbre à fll. cad., originaire du S.-E. de l'Europe et d'Asie occidentale, est cultivé à travers l'Europe pour ses fr. à consommer blets mais dont on fait également des conserves. Il est aujourd'hui naturalisé dans le N. de l'Europe et peut atteindre 6 m. Les fl. (ci-contre) sont semblables à celles de l'aubépine mais plus grosses, solitaires, de 2,5-3,7 cm de diamètre. Elles s'ouvrent en mai. Les fr. (extrême droite) sont caractéristiques, de 2,5 cm de diamètre environ, à l'extrémité largement « ouverte ». Les fll. (p. 26) sont duveteuses et les vieux sujets peuvent porter des épines de 1,2-2,5 cm de long.

Métaséquoia

Metasequoia glyptostroboides Hu & Cheng,
famille des Taxodiacées
Ce conifère à fll. cad., originaire de Chine, revêt pour les botanistes une importance particulière en ce qu'il est le seul survivant d'un genre décrit jusqu'en 1944 comme fossile. L'ayant découvert en 1941, les scientifiques chinois envoyèrent quelques années plus tard des graines à l'Arboretum Arnold, d'où elles furent diffusées en Amérique du N. et en Europe. Il atteint 35 m à l'état sauvage. Les fl. mâles n'ont pas encore apparu en Angleterre ; les femelles (extrême gauche), de 0,6 cm de long environ, apparaissent avec les fll. Les cônes (ci-contre), de 1,8-2,5 cm environ, virent au brun foncé lors de leur première année. Les fll. (p. 13) sont semblables à celles de *Taxodium distichum,* mais ramilles et fll. sont opposées par paires. Elles virent à un beau brun rougeâtre à l'automne avant de tomber. L'écorce est gris foncé, craquelée et s'exfoliant.

Mûrier commun, mûrier blanc

Morus alba L., famille des Moracées
Originaire de Chine, cet arbre à fll. cad. est depuis longtemps cultivé en Orient et dans le S. de l'Europe comme nourriture des vers à soie. Il atteint 9 m environ. Les fl. (ci-contre) apparaissent en chatons séparés, les mâles en épis plus longs que les femelles qui mesurent 1,2 cm de long. Les fr. (extrême droite), de 1,2-2,5 cm environ, sont généralement blancs ou roses, parfois pourpre foncé. Les fll. (p. 39) sont plus lisses et luisantes que chez le mûrier noir.

Mûrier noir

Morus nigra L.
Cet arbre à fll. cad., probablement originaire d'Extrême-Orient, est cultivé en Europe comme en Asie depuis si longtemps que ses origines sont obscures. Le fr. à saveur très particulière peut se consommer frais, mais il est plus souvent consommé en confiture ou boisson apéritive. Cet arbre au port irrégulier, qui atteint 9 m, peut parfois être court, à cime arrondie. Fl. mâles et femelles apparaissent en chatons séparés, les femelles (ci-contre) de 1,2 cm de long environ, les mâles deux fois plus longs. Le fr. (extrême droite) atteint 2,5 cm de long. Les fll. (p. 39) sont inégalement lobées ou simples mais toujours cordiformes à la base. Elles sont couvertes de poils rugueux dessus, duveteuses en dessous.

Nothofagus, famille des Fagacées, **hêtre austral**
Ces arbres à fll. persist. ou cad. représentent la famille des hêtres dans l'hémisphère austral. Fl. mâles et femelles apparaissent en inflorescences séparées, les mâles par 1-3, les femelles par 3 généralement. Les fr. sont de petits faînes miniatures.

Nothofagus antarctica (Forst. f.) Oerst.
A fll. cad., originaire du Chili méridional, cet arbre peut y atteindre 15 m mais il est plus souvent court et à port traînant. Les fl. (extrême gauche) s'ouvrent en avril et mai : les mâles, abondantes, de 0,4 cm, les femelles, minuscules, en forme de cupule. Le fr. (ci-contre), de 0,6 cm de long, à 3 nucules. Les fll. sont montrées p. 29. L'écorce est brun foncé, à profondes craquelures s'exfoliant en plaques.

Nothofagus dombeyi (Mirbel) Blume
A fll. persist., originaire du Chili et d'Argentine, où il atteint 25 m ou plus à l'état sauvage. Les fl. s'ouvrent en mai : les mâles (extrême gauche), de 0,4 cm de long, à anthères rouges, les femelles, minuscules, similaires à celles de *N. antarctica*. Le fr. (ci-contre), de 0,6 cm de long, s'ouvre pour libérer les graines en octobre. Les fll. (p. 29) sont vertes, vernissées, couvertes de petites marques foncées (voir photo des fr.). L'écorce est brun verdâtre foncé, à larges craquelures peu profondes, s'exfoliant éventuellement en bandes pour révéler la couche inférieure orange.

Nothofagus obliqua (Mirbel) Blume
A fll. cad., originaire du Chili et d'Argentine où il constituait autrefois de vastes forêts, il constitue encore une essence importante. Il atteint 30 m à l'état sauvage. Les fl. (extrême gauche) s'ouvrent en mai : les mâles, solitaires, à 30-40 étamines, les femelles en forme de cupules vertes, minuscules. Le fr. (ci-contre), de 1 cm de long environ, s'ouvre en septembre pour libérer les graines. Les fll. (p. 29) ont généralement 8 ou 9 paires de nervures. L'écorce (p. 218) est brune et fissurée en plaquettes rectangulaires chez les sujets adultes.

Nothofagus procera
(Poepp. & Endl.) Oerst.
A fll. cad., originaire des Andes (Chili) et de la région frontalière en Argentine où il constitue une essence forestière très importante, il atteint 25 m et plus. Il a été introduit en Grande-Bretagne où sa culture forestière réussit bien. Il donne un bois supérieur à celui de *N. obliqua*. Les fl. (extrême gauche) s'ouvrent en mai : les mâles de 0,6 cm de long environ, les femelles, en forme de minuscules cupules vertes, aux aisselles des fll. vers l'extrémité des pousses. Le fr. (ci-contre), de 1 cm de long environ, s'ouvre en septembre pour libérer les graines. Les fll. (p. 29) ont plus de paires de nervures que chez *N. obliqua* — 14-18 en général. L'écorce est lisse, brun grisâtre, à larges craquelures verticales foncées.

Nyssa sylvatica Marsh., famille des Nyssacées
A fll. cad., originaire de l'E. de l'Amérique du N. où il croît dans les marais ou les sols très humides. Il est cultivé comme arbre d'ornement dans les Etats de l'E. ainsi qu'en Europe. A tronc conique, il atteint 30 m à l'état sauvage. Fl. mâles et femelles (ci-contre) apparaissent en juin sur des sujets séparés, en ombelles de 1,2 cm de diamètre environ, les femelles peu nombreuses dans l'inflorescence. Le fr. (extrême droite), de 1,2 cm de long environ, vire au noir bleuâtre en octobre, à maturité. Les fll. (p. 35) sont généralement longues, atténuées aux deux extrémités. Elles se teintent d'orange brillant et de rouge carmin à l'automne (p. 77).

Ostrya, famille des Carpinacées.
Petit groupe d'arbres à fll. cad., rappelant le charme *(Carpinus)* par beaucoup de points à l'exception des fr. qui sont enfermés dans un involucre vésiculeux papyracé.

Ostrya commun, ostrya à feuille de charme, charme houblon

Ostrya carpinifolia Scop.
Originaire d'Europe, d'Asie Mineure et du Caucase, c'est un arbre de 15-18 m à la couronne s'arrondissant avec l'âge. Les fl. (extrême gauche) s'ouvrent en avril, les chatons mâles de 3,7-7,5 cm de long, les femelles plutôt petites et vertes, s'épanouissent au milieu des fll. naissantes. Les grappes de fr. (ci-contre), de 3,7-5 cm de long, virent au brun clair en septembre et octobre. Ils rappellent de fr. du houblon, d'où l'un des noms communs de l'arbre. Les fll. (p. 33), à 12-15 paires de nervures, sont assez velues dessus, moins en dessous.

Ostrya virginiana (Mill.) K. Koch
Originaire de l'E. de l'Amérique du N. où il donne un bois très dur dont on fait, entre autres, des maillets et des poteaux. Parfois cultivé comme arbre d'ornement en Europe, pour les jardins et dans les collections, il mesure 9-18 m. Les fl. (extrême gauche) s'ouvrent en avril, les chatons mâles de 5 cm de long environ, les femelles souvent rouges parmi les fll. naissantes. Les fr. se forment en grappes de 3,7-5 cm (ci-contre) sur des pédoncules velus, plus longs que chez *O. carpinifolia*. Ils virent au brun clair à l'automne. Les fll. (p. 33) sont velues dessus, duveteuses dessous, à pétioles velus.

Oxydendron arboreum (L.) DC., famille des Ericacées
A fll. cad., originaire de l'E. de l'Amérique du N. où il est cultivé dans les parcs et les jardins des Etats de l'E. ainsi que dans l'O. de l'Europe. C'est un arbre de 18 m environ — 3-4 m seulement en France. Les fl. (ci-contre) s'ouvrent en mai-juin, de 0,6 cm de long chacune, en panicule pouvant atteindre 25 cm de long. Les fr. sont des capsules dures, ligneuses, campanulées, de 1,2 cm de long environ. Les fll. (p. 27) sont alternes, effilées, parfois à pubescence laineuse sur la nervure médiane et le pétiole. Elles virent au rouge vif à l'automne (extrême droite).

Parrotia

Parrotia persica (D.C.) C.A. Mey,
famille des Hamamélidacées
Arbustes ou arbres à fll. cad., originaires d'une zone couvrant le S. et le S.-E. de la mer Caspienne, du N. de la Perse au Caucase, il peut être très arbustif tant en culture qu'à l'état sauvage, formant de denses taillis, mais on le trouve également comme arbre de 12 m environ. Les fl. (extrême gauche) s'ouvrent en mars (France) avant la foliaison en capitules de 1,2 cm de diamètre, à anthères rouge vif. Le fr. ressemble à une petite capsule brune de 1,2 cm environ, par groupe de 3-5. Les fll. (p. 32) se teintent de brillants rouges, orange et jaunes (ci-contre). L'écorce (p. 218) est lisse et grise, s'exfoliant en lamelles pour exposer des zones vert clair.

Paulownia tomentosa (Thunb.) Steud., famille des Scrophulariacées
Cet arbre à fll. cad., originaire de Chine, est cultivé au Japon. Il borde les routes d'Europe méridionale et orne les jardins européens, mais il ne prospère pas dans les régions froides car les boutons floraux apparaissent à l'automne et demeurent sur l'arbre durant l'hiver. Il atteint 12 m. Les fl. (ci-contre) s'ouvrent en mai, de 5 cm de long chacune, en grappes dressées. Le fr. (extrême droite), de 5 cm maximum, sèche et s'ouvre pour libérer de nombreuses graines ailées. Les fll. (p. 42) sont variables : les plus petites entières, les plus grandes à 3 ou 5 lobes peu prononcés. La face supérieure est couverte de poils soyeux, l'inférieure d'un duvet gris.

Phellodendron de l'Amour

Phellodendron amurense Rupr., famille des Rutacées
A fll. cad., originaire de Chine et en particulier de la région de l'Amour, c'est un arbre de 15 m environ. Les fl. s'ouvrent en juin (France), mâles et femelles sur des sujets séparés, semblables à celles de *P. japonicum*, de 0,6 cm de long environ, en grappes dressées de 7,5 cm de haut. Le fr. (extrême gauche) mesure 1,2 cm de diamètre environ. Les fll. (p. 55), à 5-11 folioles, sont glabres sauf sur les marges et la base de la nervure médiane.

Phellodendron japonicum Maxim.
Arbre à fll. cad., originaire de Chine, atteignant 9 m environ. Les fl. s'ouvrent en juillet, les grappes mâles (ci-contre) de 10 cm de long environ, les femelles, sur un autre sujet, en grappes plus élancées. Le fr. est noir, de 1,2 cm de diamètre environ. Les fll. ont des folioles plus grandes, très pubescentes en dessous.

Picea, famille des Pinacées, **épicéa**
Conifères à fll. persist., en aiguilles disposées une par une, en spirale le long des ramilles. Les rameaux dénudés portent de minuscules coussinets aux points d'insertion des fll. tombées. Fl. mâles et femelles sur un même sujet. Les fr. sont des cônes ligneux pendants.

Epicéa commun, sapin rouge, sapin de Norvège, pesse

Picea abies (L.) Karsten, syn. *Picea excelsa* Link
Originaire des régions montagneuses de la Scandinavie au N.-O. de la Russie et d'Europe centrale en général, il est largement cultivé dans le N. et le centre de l'Europe ainsi que dans l'E. des Etats-Unis. Son bois couramment dénommé bois blanc sert dans la fabrication de charpentes, pâte à papier, etc. Des rameaux, on extrait de la thérébentine et l'écorce sert encore en Allemagne à tanner le cuir, mais c'est surtout en tant qu'arbre de Noël qu'il est le mieux connu. Il mesure environ 36 m, parfois plus. Les fl. (ci-contre) s'ouvrent en mai, les mâles de 1 cm de long environ groupées à l'extrémité des ramules. Elles jaunissent au moment de libérer leur pollen. Les femelles sont dressées, roses virant au vert fin mai. Les cônes (extrême droite) virent de vert à brun luisant à l'automne et mesurent alors 12,5-15 cm. Le feuillage (p. 17) est composé d'aiguilles très pointues et de boutons ronds marron foncé. L'écorce brun rougeâtre est squameuse, fonçant et se fissurant en plaques chez les vieux sujets.

Picea asperata Mast.
Originaire de Chine occidentale, il est cultivé en collections et dans les grands jardins. Il atteint 30 m à l'état sauvage, moins en culture. Les fl. (ci-contre) s'ouvrent en avril, de 2 cm de long chacune, les mâles roses, virant au jaune au moment de libérer leur pollen, les femelles cramoisi foncé. Les cônes (extrême droite), à écailles arrondies, mesurent 7,5-12,5 cm de long. Le feuillage (p. 17), relativement bleu, est fait d'aiguilles plus serrées sur la partie supérieure du rameau, les inférieures se recourbant pour pointer vers le haut. L'écorce est brun foncé, desquamante.

Epicéa de Chine

Picea brachytyla (Franch.) Pritz.
Originaire de Chine centrale et occidentale, il est cultivé dans les collections botaniques et les grands jardins. S'il peut atteindre 25 m, il est souvent plus petit. Les fl. (ci-contre) s'ouvrent fin mai, les mâles de 1,5 cm de long environ, virant au jaune, les femelles un peu plus grosses, à l'extrémité des ramules. Les cônes (extrême droite) mesurent 6,2-7,5 cm de long. Le feuillage (p. 17) est caractéristique, en aiguilles aplaties et non quadrangulaires comme chez la plupart des épicéas ; elles laissent la face inférieure des rameaux dénudée. Elles sont vert vif brillant dessus, blanches dessous. L'écorce est lisse, grise, couverte de taches blanches de résine.

Picea breweriana S. Wats.
Originaire d'une petite partie de Californie et d'Oregon, à des altitudes dépassant 2 000 m, il forme un rideau décoratif de ramules pendants d'un aspect très gracieux. Il atteint 36 m à l'état sauvage, généralement beaucoup moins. Les fl. (ci-contre) s'ouvrent en mai : les mâles arrondies, de 1,5 cm de long environ, les femelles dressées, de 2,5 cm de long, généralement rose foncé (mais montrés ici vert rosâtre) donnant des cônes pourpres, de 7,5 cm de long, à écailles rondes, virant au brun à maturité, à l'automne (extrême droite). Le feuillage (p. 17) est constitué d'aiguilles se dirigeant vers l'avant tout autour des ramules. L'écorce est gris rosâtre foncé, s'exfoliant en plaques rondes.

Epicéa de l'Arizona

Picea engelmannii (Parry) Engelm. forma *glauca* Beissn.
Cette forme bleutée, originaire des montagnes de l'O. de l'Amérique du N., atteint environ 30 m. Les fl. s'ouvrent en mai, les mâles pourpre foncé (non montré) et les femelles (ci-contre) pourpre rougeâtre, de 3 cm de long environ. Les cônes (extrême droite), de 5-7,5 cm de long, diffèrent de ceux de *P. glauca* par leurs écailles légèrement dentées. Le feuillage (p. 17) est caractéristique avec ses aiguilles pointées vers l'avant, douces au toucher, à extrémité épineuse et dégageant une odeur de camphre lorsqu'on les froisse. L'écorce est orange, se craquelant en écailles fines comme du papier.

Sapinette blanche, épinette blanche

Picea glauca (Moench) Voss
Originaire d'Amérique du N. septentrionale, il est souvent planté au Canada, en Nouvelle-Angleterre et dans le N. de l'Europe comme arbre d'ornement et atteint 21 m. Les fl. (ci-contre) s'ouvrent en avril, les mâles de 2,5 cm environ au moment où elles libèrent leur pollen, les femelles à peu près identiques, se développant en cônes (extrême droite) de 3,7-5 cm de long à écailles arrondies. Le feuillage (p. 17) est constitué d'aiguilles quadrangulaires glauques, plus denses à l'extrémité des ramules et pointant vers l'avant. Elles sont dures mais émoussées à l'extrémité ; froissées, elles dégagent une odeur forte et fétide. L'écorce est gris violacé, se craquelant en écailles arrondies.

Epicéa du Hondo

Picea jezoensis (Sieb. & Zucc.) Carr. var. *hondoensis* (Mayr) Rehd.
Originaire du Japon, il est cultivé dans les grands jardins et les collections. Une variété de l'espèce est largement distribuée dans le N.-E. asiatique. Il atteint 28 m à l'état sauvage. Les fl. (ci-contre) s'ouvrent en mai, les mâles de 2,5 cm de long environ au moment où elle libèrent leur pollen, les femelles un peu plus grosses (montrées ci-contre sur le premier ramule). Les cônes (extrême droite), à écailles incurvées et dentées, mesurent 5 cm environ. Les aiguilles (p. 17), à extrémité épineuse, à 2 bandes blanches dessous, vers le haut, disposées sur le dessus et le côté des ramilles. L'écorce est lisse, brune, ou plus pâle et grisâtre, craquelée.

Epicéa de Koyama

Picea koyamai Shirasawa
Originaire du centre du Japon, à des altitudes de 1 500-1 800 m et également de Corée, il atteint 18 m environ. Les fl. (ci-contre) s'ouvrent en mai, les mâles de 2,5 cm environ, les femelles pourpre foncé, un peu plus longues. Les cônes (extrême droite) à écailles arrondies et légèrement ondulées mesurent 10 cm de long environ. Les aiguilles (p. 17) quadrangulaires, bleutées, sont très épineuses à l'extrémité. Elles sont disposées tout autour des ramules, les inférieures courbes et pointant vers le haut, les supérieures pointant vers l'avant. L'écorce brun foncé ou gris violacé clair se détache par écailles grises.

Picea likiangensis (Franch.) Pritz.
Originaire d'une large zone de Chine et du Tibet, il fut découvert dans les monts Lichiang (province du Yunnan). Il est cultivé comme ornemental dans les jardins et les collections et atteint 45 m à l'état sauvage. Les fl. (ci-contre) s'ouvrent sur tout l'arbre en avril. Les cônes (extrême droite), de 5 cm de long en général, ont des écailles arrondies et ondulées. Le feuillage (p. 17) varie de vert à vert-bleu ; les aiguilles sont quadrangulaires, les supérieures pointant en avant. L'écorce est rugueuse, gris clair, à quelques longues craquelures sombres.

Sapinette noire, épinette noire

Picea mariana (Mill.) Britt., Sterns et Pogg.
Originaire d'Amérique du N., du N. jusqu'au Wisconsin et à la Virginie, il est parfois cultivé mais de vie courte. Son bois, sans grande valeur, était autrefois exploité localement au Canada. Avec ses fll., on fabrique une sorte de bière. Il atteint 9 m environ mais il existe des spécimens 3 fois plus hauts. S'il adopte un port cylindrique au Canada, il est plutôt pyramidal en culture (voir ci-dessus). Les fl. (ci-contre) s'ouvrent à profusion en mai, mâles et femelles de 2 cm de long environ. Les cônes (extrême droite), de 2,5-5 cm de long, à écailles arrondies ou légèrement dentées, peuvent persister plusieurs années sur l'arbre.
Les aiguilles (p. 17) sont pointues à l'extrémité mais pas acérées. Elles sont quadrangulaires, à bande bleu cendré sur chaque face. L'écorce est gris rosâtre ou violacé et squameuse.

Epicéa de Sibérie

Picea obovata Ledeb
Espèce boréale, de la Scandinavie à la Russie, il est proche de *P. abies.* S'il atteint 30 m dans sa patrie, il est souvent plus court en culture. Fl. (ci-contre) et fr. (extrême droite), semblables à ceux de *P. abies,* s'ouvrent en mai, mais les cônes sont généralement plus petits, de 7,5 cm de long environ. Les aiguilles (p. 18) sont disposées vers le bas autour du bourgeon et à tous les angles possibles autour du rameau.

Epicéa de Serbie

Picea omorika (Pancic) Purkyne
Indigène sur les rives de la Dvina, en Yougoslavie, il était largement distribué en Europe avant l'époque glaciaire. Il est maintenant cultivé plus ou moins en Europe septentrionale et en Angleterre pour son bois. Il atteint 30 m. Les fl. (ci-contre) s'ouvrent en mai, les mâles, de 1,2 cm, se développant pour libérer leur pollen, les femelles un peu plus grosses. Les cônes (extrême droite), à grandes écailles arrondies, mesurent 2,5-5 cm de long. Les aiguilles (p. 18) sont aplaties plutôt que quadrangulaires, à 2 bandes blanches dessous. L'écorce brun rougeâtre se craquelle en plaques et en écailles.

Sapinette d'Orient

Picea orientalis (L.) Link
Originaire du Caucase et d'Asie Mineure, il est cultivé comme arbre d'ornement en Europe et dans les Etats de l'E. de l'Amérique du N., parfois pour son bois en Belgique, Italie et Autriche. Il atteint 30 m. Les fl. (ci-contre) s'ouvrent en avril, les mâles de 1,2 cm de long environ, les femelles 2 fois plus longues, plus minces, pourpre verdâtre ou violettes. Les cônes (extrême droite), brun luisant à maturité, mesurent 5-9 cm. Le feuillage (p. 18) est caractéristique avec ses aiguilles beaucoup plus courtes que chez les autres épicéas — 0,5-1 cm. L'écorce brun rosâtre se craquelle en plaquettes rondes.

Epicéa à queue de tigre

Picea polita (Sieb. & Zucc.) Carr.
Originaire du Japon, il est cultivé en Europe et dans l'E. de l'Amérique du N. comme arbre d'ornement. Il peut dépasser 30 m mais est plus petit en culture. Les fl. (ci-contre) s'ouvrent en mai, les mâles de 2 cm de long, les femelles plus longues — 2,5 cm. Les cônes (extrême droite), de 10 cm de long environ, virent au brun foncé à maturité ; leurs écailles sont arrondies, à bords plus clairs. Les aiguilles (p. 18) sont quadrangulaires, dures, acérées. L'écorce est rugueuse, brun rosâtre.

Epicéa du Colorado

Picea pungens Engelm.
Originaire des montagnes Rocheuses (O. de l'Amérique du N.), on le trouve tout particulièrement dans le S. de cette région. Il est cultivé comme arbre d'ornement, parfois pour son bois en Europe centrale et méridionale. Il atteint en général 30 m, 45 m dans des conditions favorables. Les fl. (ci-contre) s'ouvrent en mai, les mâles de 2 cm de long environ, les femelles deux fois plus longues. Les cônes (extrême droite) sont caractéristiquement pâles, à écailles dentées ondulées, longs de 7,5-10 cm. Les aiguilles (p. 18) sont quadrangulaires, épaisses, à extrémité acérée quand elles sont jeunes, plus émoussées ensuite. L'écorce est épaisse, gris violacé, sillonnée.

Epicéa bleu

Picea pungens Engelm. forma *glauca* (Reg.) Beissn.
C'est une forme bleutée de l'épicéa du Colorado, peut-être plus couramment répandue dans les parcs, les jardins et les collections que le type. Fl. et cônes (ci-contre et extrême droite) sont similaires à ceux du type. Le feuillage (p. 18) diffère de celui d *P. engelmannii glauca* par ses aiguilles plus acérées et les écailles de ses bourgeons courbées vers l'extérieur. On utilise en culture de nombreux cultivars de cette forme.

Sapinette rouge, épinette rouge

Picea rubens Sarg.
Originaire de l'E. de l'Amérique du N. où il servait autrefois, comme son voisin *P. mariana,* à fabriquer une bière, son bois est utilisé en parquetage dans le N.-E. de l'Amérique, ainsi que pour confectionner de la pâte à papier. Il atteint 25 m et plus. Les fl. (ci-contre) s'ouvrent en mai, mâles et femelles de 2-3 cm de long. Les cônes (extrême droite), à écailles arrondies, sont très semblables en taille et en forme à ceux de *P. mariana* (jusqu'à 5 cm de long) mais ils tombent de l'arbre sitôt ouverts alors que ceux de *P. mariana* persistent plusieurs années sur l'arbre. Les aiguilles (p. 18) sont quadrangulaires, à bande blanche sur chaque face, d'un vert plus jaune que chez *P. mariana.* L'écorce est brun violacé foncé, se craquelant en plaquettes courbes.

Epicéa de Sitka

Picea sitchensis (Bongard) Carr.
Essence forestière importante, originaire de la côte O. de l'Amérique du N., il est largement planté en Europe de l'O., du centre et du N. pour son bois de haute qualité exploitable rapidement. Il aime les régions pluvieuses, ce qui le rend parfaitement adapté au N.-O. de l'Europe. Il atteint 50 m et plus. Les fl. (ci-contre) s'ouvrent en mai, les mâles de 2,5-3,7 cm de long, les femelles nettement plus longues, généralement rouges ou gris rosé. Les cônes (extrême droite) ont des écailles à bords ondulés caractéristiques, tronquées à l'extrémité, bifides. Ils mesurent 5-10 cm de long, virant de vert à brun à maturité. Les aiguilles (p. 18) sont quadrangulaires, acérées à l'extrémité : les supérieures disposées à plat, pointant vers le bas. L'écorce (p. 218) est gris violacé foncé ou brune et se fissure en rudes plaques irrégulières qui tombent.

Epicéa de l'Himalaya

Picea morinda, Picea smithiana (Wall.) Boiss.
Originaire de l'O. de l'Himalaya, il doit son nom à sir James Smith, premier président de la Linnean Society. Il atteint 36 m, parfois deux fois plus, avec un port pleureur comme *P. breweriana* mais moins marqué que chez celui-ci. Les fl. (ci-contre) s'ouvrent début mai, les mâles de 2 cm de long environ, les femelles plus longues. Les cônes (extrême droite), de 10-18 cm de long, virent de vert clair à brun luisant à maturité. Leurs écailles deviennent dentées quand le cône se dessèche. Les aiguilles (p. 18), plus longues que chez les autres épicéas, pointent vers l'extérieur tout autour du rameau. L'écorce, gris violacé, se craquelle en minces plaques arrondies.

Picea spinulosa (Griff.) Henry·
Originaire de l'E. de l'Himalaya où il peut dépasser 60 m, il n'a jamais atteint cette hauteur en culture. Les fl. (ci-contre) s'ouvrent en mai, les mâles de 2,5 cm de long environ, les femelles un peu plus longues. Les cônes (extrême droite), de 6-9 cm de long, sont verts à marges pourpres, brunissant à maturité. Les aiguilles (p. 18), à deux faces, acérées, pointent vers l'avant. L'écorce gris clair se fissure en plaques rondes et se craquelle.

Epicéa de la Chine

Picea wilsonii Mast.
Originaire de Chine, il n'est cultivé ailleurs que dans les grands jardins et les collections botaniques. Il atteint environ 21 m. Les fl. (ci-contre) s'ouvrent en mai, les mâles de 2 cm de long environ, les femelles plus grosses. Les cônes (extrême droite), de 3,7-7,5 cm de long, à écailles arrondies, peuvent persister plusieurs années sur l'arbre. Les aiguilles (p. 18) sont quadrangulaires, entièrement vertes, acérées. L'écorce est gris rosâtre, se fissurant en plaquettes minces.

Picrasma quassioides (D. Don) Bennett, famille des Simaroubacées
A fll. cad., originaire du Japon, de Corée, de Chine et de l'Himalaya, il est très décoratif mais peu cultivé ailleurs. Il atteint 12 m. Les fl. (extrême gauche) s'ouvrent en juin, de 0,5 cm de diamètre chacune, en grappes peu denses. Les fr. (ci-contre), de 1 cm de long environ, sont rouges en septembre ou octobre. Les fll. (p. 55) se colorent d'orange et d'écarlate à l'automne. Elles sont composées de 9-13 paires de folioles.

Pinus, famille des Pinacées, **pin**
Conifères — arbres et arbustes — à fll. persist. en aiguilles, longues et minces, groupées par 2-5, plus rarement seules ou par 8 et dans ce cas elles sont serrées les unes contre les autres, formant une sorte de cylindre. Fl. mâles et femelles sont séparées sur un même sujet, les mâles groupées à la base des ramules, les femelles à l'extrémité. Le fr. est un cône ligneux mûrissant en deux ans.

Pinus albicaulis Engelm.
Petit arbre originaire de l'O. de l'Amérique du N., à des altitudes de 1 500-3 000 m, il peut atteindre 15 m ou n'être qu'un arbuste de 3 m dans les sites ventés. Les Indiens d'Amérique se nourrissaient de ses graines. Les fl. s'ouvrent en juin, les mâles rouges et groupées, les femelles (ci-contre) rouges, de 1,2 cm environ. Les cônes (extrême droite), de 3,7-7,5 cm de long environ, ont des écailles épaisses, portant un mucron, virant de pourpre à brun à maturité. Ils tombent de l'arbre et éventuellement se brisent, libérant des graines dépourvues d'ailes, comestibles, de 1,2 cm de long environ. Les aiguilles (p. 21), de 5-6 cm de long, sont groupées par 5, parfois 6, plus rarement 8. Les bourgeons sont brun rougeâtre foncé, à écailles fortement appliquées. L'écorce est blanchâtre chez les sujets adultes.

Pinus aristata Engelm.
Originaire des montagnes du Colorado, d'Arizona et du Nouveau-Mexique, à des altitudes dépassant 2 500 m, il atteint environ 15 m mais peut être plus petit dans les sites ventés. Les fl. s'ouvrent en juin, les mâles rouge foncé, les femelles (ci-contre) rouge violacé, de 0,6 cm de long environ. Les cônes (extrême droite), de 7,5 cm de long environ, portent sur chaque écaille une sorte de longue arête très caractéristique. Fll. et rameaux sont parsemés d'exsudations de résine blanche. Les aiguilles (p. 21) groupées par 5, plutôt courtes et fortes, à face inférieure plus claire, pointent vers l'extrémité des rameaux, ce qui donne aux rameaux une apparence d'écouvillon.

Pinus armandii Franch.
Découvert par un grand naturaliste français, le père Armand David, dans sa Chine d'origine, on le trouve également en Birmanie et à Formose, ainsi que dans les collections botaniques. Il atteint 22,50 m environ. Les fl. (ci-contre) s'ouvrent en juin, les mâles jaunes et souvent clairsemées, les femelles pourpre rougeâtre se développant en cônes (extrême droite) de 7,5-15 cm de long, à écailles épaisses, virant du vert au brun clair à maturité. Le feuillage (p. 22) est constitué de longues aiguilles groupées par 5, souvent coudées près de la base et alors pendantes, vert-bleu sur les deux faces internes. Les ramules sont souvent nues sur leur plus grande partie et parsemées de gouttes de résine.

Pinus attenuata Lemm.
Originaire de l'O. de l'Amérique du N., de l'Oregon jusqu'à la Californie incluse, il mesure en général quelque 9 m mais peut atteindre 30 m à l'état sauvage. Les fl. s'ouvrent en mai, les mâles brun orangé, en groupes à la base des nouvelles pousses, les femelles (ci-contre), de 1,5 cm environ, généralement en verticilles. Les cônes (extrême droite), à écailles renflées à l'extérieur et portant de petites épines acérées, mesurent 10-12,5 cm environ. Ils persistent longtemps sur l'arbre, parfois 30 ou 40 ans, ne libérant leur graine qu'après un incendie ou la mort de l'arbre. (Les marques blanches sur la photographie correspondent à des taches de résine.) Les aiguilles sont groupées par 3 (p. 21), les bourgeons sont cylindriques et résineux. L'écorce, (p. 218) gris foncé, est souvent couverte de résine sèche.

Pin du Mexique

Pinus ayacahuite Ehrenb.
Originaire du Guatemala et du Mexique où il croît dans les hautes vallées à des altitudes de 2 500-3 000 m, il atteint 30 m et plus à l'état sauvage. Les fl. (ci-contre) s'ouvrent en juin, les mâles, jaunes, groupées à la base des jeunes pousses, les femelles, rouges, de 1 cm de long environ. Les cônes (extrême droite) atteignent jusqu'à 15-30 cm, virant au brun clair et s'ouvrant à maturité, à écailles à leur extrémité résineuses, les inférieures recourbées vers l'arrière. Les graines, de 0,6 cm environ, ont des ailes de 2,5 cm minimum. Les aiguilles (p. 22) sont minces, groupées par 5.
P. ayacahuite var. *veitchii* Shaw
Cette variété originaire du Mexique a souvent été confondue avec l'espèce dans les jardins et les collections. Les graines sont plus grandes — 1,2 cm environ — à ailes plus courtes et plus larges. Les cônes peuvent atteindre 38 cm de long.

Pin de Banks

Pinus banksiana Lamb.
Originaire du Canada et du N.-E. des Etats-Unis, il est, en Europe centrale, cultivé pour son bois sur les sols pauvres et sablonneux. Il atteint environ 21 m mais peut être arbustif en culture. Les fl. (ci-contre) s'ouvrent en mai, les mâles jaunes ou jaune rougeâtre, groupées à la base des nauvelles pousses, les femelles rouges et piquantes, de 0,5 cm de long environ. Les cônes (extrême droite), de 3,7 cm environ, sont pointus, généralement courbes. ils virent de vert à brun clair à maturité et si certains s'ouvrent sur l'arbre les autres restent fermés à moins d'être atteints par la chaleur d'un feu. Les graines se répandent donc après un feu de forêt de sorte sur ce pin est souvent le premier arbre à réapparaître sur les sites brûlés. Les aiguilles (p. 19), sont courtes, 2,4 cm, aplaties, groupées par paires.

Pinus bungeana Zucc.
Originaire de Chine centrale et orientale, il est cultivé dans les collections botaniques et certains jardins. Il peut atteindre quelque 30 m, avec un tronc qui se ramifie assez bas, parfois buissonnant. Les fl. (ci-contre) s'ouvrent fin mai, les mâles jaunes et groupées à la base des jeunes pousses, les femelles vert jaunâtre, de 1 cm de long environ, se développant en cônes ronds de 5-7,5 cm de long, à écailles portant un court mucron. Les graines sont dures, de 0,8 cm de long environ, courtement ailées, les aiguilles (p. 21) sont groupées par 3. L'écorce (p. 218), très particulière, ressemble à celle d'un platane plus qu'à celle d'un pin. Chez les vieux sujets elle devient presque blanche, mais le phénomène se produit rarement en culture.

Cembro, arolle, alvier

Pinus cembra L.
Originaire des Alpes et des Carpathes où il croît à des altitudes atteignant 3000 m, il est cultivé comme arbre d'ornement dans les jardins et les collections d'Europe et du N.-E. des Etats-Unis et parfois pour son bois en Scandinavie. Il atteint 25 m et plus. Les fl. (ci-contre) s'ouvrent fin mai, les mâles groupées à la base des jeunes pousses, les femelles à l'extrémité ; elles mesurent 1 cm de long environ. Les cônes (extrême droite) sont ronds ou ovés, de 5-7,5 cm de long environ, virant de pourpre foncé à brun clair et tombant de l'arbre lors de leur troisième année. Les écailles ne s'ouvrant pas, les graines ne sont libérées qu'à terre lorsque le cône pourrit ou est attaqué par quelque animal en quête de nourriture. Les aiguilles (p. 22), groupées par 5, sont vertes sur la face extérieure, gris bleuâtre sur la face inférieure. Les jeunes rameaux sont couverts d'un duvet orange.

Pinus cembroides Zucc.
Originaire d'Arizona, de Californie et du Mexique où les graines sont récoltées et consommées, il atteint 12 m environ à l'état sauvage. Les fl. s'ouvrent fin mai, les mâles jaunes en grappes denses, les femelles (ci-contre) rouges, de 1 cm de long environ. Les cônes (extrême droite) sont ronds, de 5 cm de diamètre environ, s'aplatissant et s'ouvrant comme des fleurs pour libérer de grandes graines — 1,2 cm de long environ — dépourvues d'ailes. Les aiguilles (p. 21), incurvées, sont groupées généralement par 3, parfois par 2. Plusieurs formes ou variétés croissent dans le S.-E. des Etats-Unis, différant par l'épaisseur des fll. et leur mode de groupement.

Pin de Murray

Originaire du littoral Pacifique de l'Amérique du N., de l'Alaska à la Californie, c'est en Angleterre une importante essence forestière, s'adaptant bien aux sols tourbeux de l'O., mais il est également planté en Europe centrale et septentrionale. Il atteint environ 25 m. Les fl. (ci-contre) s'ouvrent en mai, les mâles abondantes, jaunes, de 2 cm de long environ, les femelles rouges, de 0,6 cm de long environ. Les cônes (extrême droite), courbes, à écailles portant un mucron aigu qui disparaît peu à peu, mesurent 5 cm de long environ. Ils s'ouvrent pour libérer des graines ailées. Les aiguilles (p. 19) sont groupées par 2. L'écorce brun rougeâtre est profondément fissurée en plaques carrées, ou longues et étroites chez les vieux sujets.

Pinus contorta var. *latifolia* S. Wats.
Originaire des Rocheuses, de l'Alaska au Colorado, il s'agit de la forme de *P. contorta* qui croît à l'intérieur des terres. Il est planté comme essence forestière en Angleterre, particulièrement sur les plateaux. Plus élancé que *P. contorta,* il peut atteindre 25 m. Les fl. (ci-contre) s'ouvrent fin mai. Les cônes (extrême droite) sont d'un brun généralement plus rougeâtre que chez *P. contorta,* plus courts et plus arrondis. Si un certain nombre s'ouvre chaque année, la grande majorité reste close et persiste sur l'arbre. Les aiguilles (p. 19), groupées par 2, sont plus longues, plus larges et plus claires que celles de *P. contorta.* L'écorce est plus fine et plus lisse.

Pinus coulteri D. Don
Originaire de Californie, où les Indiens récoltaient ses graines comestibles, et du N.-O. du Mexique, il est cultivé dans les jardins et les collections botaniques. Il peut atteindre jusqu'à 30 m. Les fl. (ci-contre) s'ouvrent début juin, les mâles pourpre foncé puis jaunes, les femelles rouges, de 1,5 cm de long environ. Les cônes (extrême droite) sont plus lourds que chez les autres pins : ils peuvent atteindre 30 cm de long et peser 2,25 kg. Les écailles sont dures et portent un robuste mucron recourbé. Les graines sont également grosses, de 1,2 cm environ, avec une aile deux fois plus longue. La plupart des cônes restent fermés sur l'arbre mais certains s'ouvrent pour libérer leurs graines à l'automne. Les aiguilles (p. 21) sont longues, étroites, groupées par 3.

Pinus flexilis James
Originaire des Rocheuses, du Canada à la Californie et au Nouveau-Mexique, il atteint environ 18 m. Les fl. (ci-contre) s'ouvrent début juin, les mâles jaunes et jaune rougeâtre, les femelles souvent groupées, rouges, de 0,6 cm de long environ. Les cônes (extrême droite), qui atteignent 15 cm et plus en Amérique, ressemblent à ceux de *P. albicaulis,* mais sont plus longs et s'ouvrent à maturité pour libérer leurs graines. Elles sont solitaires ou groupées par 2 ou 3. Les aiguilles (p. 22), de la même couleur sur les 2 faces, sont groupées par 5. Les marges des fll. sont généralement lisses, parfois dentées à l'extrémité.

Pin d'Alep,
pin de Jérusalem

Pinus halepensis Mill.
Originaire du pourtour de la Méditerranée, de l'Espagne jusqu'à l'Asie Mineure, il prospère en montagne sur les sols un peu secs, et près des côtes. Si son bois est de peu d'intérêt, on extrait de sa résine de l'essence de thérébentine et en Grèce, elle entre dans la composition du vin résiné. Il atteint en moyenne 15 m, parfois plus. Les fl. s'ouvrent en mai, les femelles (ci-contre) de 1 cm de long environ. Les cônes (extrême droite), de 7,5 cm de long environ, naissent généralement par 2 ou 3 et persistent plusieurs années sur l'arbre. Les aiguilles (p. 19) sont groupées par 2, les bourgeons indemnes de résine ont des écailles récurvées.

Pin de Bosnie

Pinus heldreichii Christ. var. *leucodermis* (Ant.) Markgraf ex Fitschen, synonyme de *Pinus leucodermis* Ant.
Originaire d'Italie du N., de Yougoslavie et des Balkans, il est plus commun que *P. heldreichii* lui-même. Il peut atteindre 28 m mais est plus petit en général. Les fl. (ci-contre) s'ouvrent fin mai, les mâles abondantes, jeunes, les femelles pourpre foncé, de 0,8 cm de long environ, se développant en cônes violet foncé (extrême droite) de 2 cm de long environ, qui grandissent et mûrissent la seconde année, virant au brun clair (extrême droite également) et mesurant alors 5-7,5 cm. On a coupé quelques aiguilles du spécimen montré ici pour mieux laisser voir les jeunes cônes. Les aiguilles (p. 19) sont vert foncé, disposées par paires, aiguës.

Pinus × *holfordiana* A. B. Jacks
Cet hybride obtenu, en Angleterre, à partir de graines de *P. ayacahuite* fécondées par *P. wallichiana* est cultivé en Grande-Bretagne dans les grands jardins et les collections. Il a atteint jusqu'ici 28 m. Les fl. (ci-contre) s'ouvrent en juin, les mâles jaunes et groupées à la base des jeunes pousses, les femelles étroites, rouge foncé, de 2 cm de long environ. Les cônes (extrême droite) mûrissent dans leur seconde année, virant de vert à brun orangé, de 20-30 cm de long environ. Les écailles s'ouvrent pour libérer les graines ailées. les aiguilles (p. 22), groupées par 5, sont vert brillant sur la face extérieure, bleu-gris sur la face intérieure. A comparer avec *P. ayacahuite* et *P. wallichiana*.

Pin de Jeffrey

Pinus jeffreyi Balf.
Originaire d'une zone allant du S. de l'Oregon au S. de la Californie, à des altitudes de 1 000 m maximum dans le N., 3 000 m dans le S., il est cultivé comme arbre d'ornement dans les jardins d'Europe et de l'E. de l'Amérique du N. Il atteint 60 m à l'état sauvage, moitié moins en général. Les fl. (ci-contre) s'ouvrent début juin, les mâles rougeâtres puis jaunes, les femelles pourpre foncé, de 0,8 cm de long environ. Les cônes (extrême droite) atteignent 20 cm de long environ à maturité. Chaque écaille porte un étroit mucron aigu et s'ouvre pour libérer les graines ailées. Les aiguilles (p. 21), groupées par 3, assez longues et minces, dégagent, lorsqu'on les froisse, une forte odeur de citron. L'écorce est lisse, brun très foncé, profondément craquelée par endroits.

Pinus monticola D. Don
Originaire de l'O. de l'Amérique du N. où il fournit un bois clair, apprécié pour les aménagements intérieurs, il est cultivé dans l'E. de l'Amérique du N. et en Europe, mais est sujet, comme nombre de pins d'Amérique à aiguilles groupées par 5, à une maladie cryptogamique, la rouille vésiculeuse, qui peut tuer les vieux spécimens ornementaux. Il atteint 50 m, souvent beaucoup moins. Les fl. (ci-contre) s'ouvrent début juin, les mâles jaune clair en grappes, les femelles rouges, de 0,5 cm de long environ. Les cônes (extrême droite), de 12,5-25 cm de long, sont en général légèrement courbes et couverts de résine. Les aiguilles (p. 22) sont rudes au toucher, groupées par 5, à face intérieure plus claire que l'extérieure. Les jeunes pousses sont pubescentes, ce qui permet de distinguer ce pin de *P. strobus.*

Pinus muricata D. Don
Originaire du littoral de la Californie, où il est exploité parfois pour son bois. Il est cultivé comme arbre d'ornement en Europe et comme arbre d'abri au bord des côtes dans la mesure où il supporte bien l'air salin. Il atteint environ 15 m, parfois presque deux fois plus. Les fl. (ci-contre) s'ouvrent fin mai, les mâles en longs épis et non en grappes, les femelles rouges, de 0,6 cm de long environ, en verticilles de 3-5. Les cônes (extrême droite), à chaque écaille portant un mucron aigu, mesurent 7,5 cm de long environ. Ils persistent au moins 25 ans sur l'arbre et il faut un feu pour aider les écailles à s'ouvrir. Les aiguilles (p. 19) sont dures, vert foncé luisant, disposées par 2.

Pin noir d'Autriche

Pinus nigra Arnold
Originaire d'Autriche, d'Italie et des Balkans, il est souvent planté comme arbre d'abri et d'ornement. Il atteint environ 30 m à l'état sauvage. Son tronc plus court, ses branches plus nombreuses et son feuillage plus dense le différencient de *P. nigra* var. *maritima.* Les fl. (ci-contre) s'ouvrent fin mai, les mâles jaune d'or, les femelles rouges, de 0,5 cm de long environ. Les cônes (extrême droite), à écailles s'ouvrant pour libérer les graines ailées, mesurent 5-7,5 cm de long. Les aiguilles (p. 19) sont généralement plus courtes et plus droites que chez *P.n. caramanica* et *P.n. maritima.* Elles sont disposées par 2 en groupes denses séparés par des portions nues de rameau.

Pinus nigra var. *caramanica* (Loud.) Rehd.
Originaire d'Asie Mineure, du Caucase, de Crimée, des Balkans et des Carpathes, il atteint environ 30 m. Les fl. (ci-contre) s'ouvrent fin mai et sont semblables à celles de *P. nigra*. Les cônes (extrême droite) sont semblables à ceux de *P. nigra* et *P.n. maritima* mais peuvent être plus gros. Mûrs, ils s'ouvrent pour libérer les graines mais à ce moment-là ils sont détruits par les écureuils et les oiseaux (c'est pourquoi la photographie ne représente qu'un cône jeune). Les aiguilles (p. 19) sont plus longues que chez *P. nigra* et plus droites que chez *P.n. maritima*. Elles sont disposées par paires. Les jeunes rameaux sont orange.

Pin laricio de Corse

Pinus nigra var. *maritima* (Ait.) Melville
Originaire de Corse, d'Italie et de Sicile, il est planté comme abri et pour son bois et s'acclimate bien sur sols sablonneux. Il atteint jusqu'à 45 m, avec un port plus élancé que *P. nigra*. Les fl. (ci-contre) s'ouvrent fin mai, les mâles jaunes et les femelles rouges, de 0,5 cm de long environ. Les cônes (extrême droite), de 5-7,5 cm environ, s'ouvrent à maturité pour libérer des graines ailées. Les aiguilles (p. 19) sont plus longues que chez *P. nigra* et *P.n. caramanica* et légèrement frisées. Elles sont groupées par 2, assez clairsemées sur les rameaux et non en verticilles comme chez *P. nigra*. (Voir l'écorce p. 218).

Pinus parviflora Sieb. & Zucc.
Originaire du Japon, il est cultivé comme arbre d'ornement dans les jardins. La forme la plus courante est probablement une variété japonaise cultivée qui donne de petits arbres d'environ 10 m. Le type sauvage qui peut atteindre 25 m et plus est d'un port moins pleureur. Les fl. (ci-contre) s'ouvrent début juin, les mâles en épis à la base des jeunes pousses, pourpre clair ou blanches, virant au jaune au moment de libérer leur pollen. Les femelles sont rose profond, de 1,2 cm de long, souvent produites en abondance. Les cônes (extrême droite), de 5 cm de long environ, s'ouvrent pour libérer les graines et persistent plusieurs années sur l'arbre. Les aiguilles (p. 22) sont légèrement torses, plus claires sur les faces internes, groupées par 5.

Pin de Macédoine

Pinus peuce Griseb.
Originaire des Balkans, il est planté dans les collections et les grands jardins et atteint environ 36 m à l'état sauvage. Les fl. (ci-contre) s'ouvrent début juin, les mâles jaune clair, en grappes, les femelles rouge foncé, de 1,2 cm de long environ. Les cônes (extrême droite). de 12,5 cm de long environ, portent des gouttes de résine. Les écailles s'ouvrent largement pour libérer les graines ailées. Les faces externes des aiguilles (p. 22) sont vert foncé, les internes plus claires. Elles sont groupées par 5.

Pin maritime, pin des Landes

Pinus pinaster Ait.
Originaire de l'O. du bassin méditerranéen et d'Afrique du N., il est naturalisé au Portugal et en France et cultivé en Californie et en Grande-Bretagne. Parfois exploité pour son bois, il l'est surtout pour sa résine qui fournit une excellente essence de thérébentine que l'on extrait soit en pratiquant dans le tronc une fente d'où s'écoule la résine, soit en l'aspergeant d'acide sulfurique dilué pour provoquer l'exsudation. Il atteint 36 m environ. Les fl. (ci-contre) s'ouvrent fin mai, les mâles dorées, les femelles rouge foncé, de 1,8 cm environ. Les cônes (extrême droite) - peuvent atteindre 15 cm de long et persistent sur l'arbre des années en grappes ou en verticilles. Les aiguilles (p. 20), groupées par 2, sont plus longues que chez la plupart des pins de ce type. L'écorce (p. 219) est brun rougeâtre ou profondément fissurée.

Pin pinier, pin pignon, pin parasol

Pinus pinea L.
Originaire du pourtour de la Méditerranée, jusqu'à la Grèce et l'Asie Mineure, ses graines se consomment fraîches, grillées comme les cacahuètes, ou dans certain ragoût typiquement italien. On a trouvé des restes de coques en Grande-Bretagne dans des sites archéologiques romains, ce qui indiquerait que leur consommation ne date pas d'aujourd'hui. L'arbre peut atteindre 30 m, beaucoup moins dans sa forme étalée en parasol. Les fl. (ci-contre) s'ouvrent en mai-juin, les mâles dorées et groupées, les femelles vert jaunâtre clair, de 1,2 cm de long environ. Les cônes (extrême droite) sont lourds, de 12,5 cm de long environ. Ils restent fermés 3 ans. Les aiguilles (p. 20) sont vert foncé, épaisses, aiguës et légèrement torses. Elles sont groupées par 2, souvent assez clairsemées. L'écorce (p. 219) est brun rougeâtre, à profondes craquelures sombres formant de longues plaques.

Pin à bois lourd

Pinus ponderosa Laws.
Originaire de l'O. de l'Amérique du N., de la Colombie britannique au Mexique, il est variable selon la latitude de par la longueur des aiguilles et la taille des cônes. Il est exploité pour son bois en Amérique du N. et en Europe centrale et planté comme ornement dans les grands jardins et les collections. Il peut dépasser 60 m à l'état sauvage. Les fl. (ci-contre) s'ouvrent en mai, les mâles rouges, de 3 cm de long environ, les femelles rouges également. Les cônes (extrême droite ; on a coupé quelques aiguilles pour faire apparaître les cônes), de 7,5-15 cm environ, virent du pourpre au brun foncé à maturité et s'ouvrent pour libérer des graines ailées. Chaque écaille porte une minuscule arête. Les aiguilles (p. 21), de 12,5-25 cm de long, sont groupées par 3. Elles sont dures, courbes, serrées sur les rameaux.

Pin de Monterey

Pinus radiata D.Don
Originaire du littoral de Monterey (Californie), il est cultivé comme arbre d'ornement dans maints Etats de la côte Pacifique, en Europe occidentale et méridionale, surtout comme abri et pour son bois en Australie, Nouvelle-Zélande et Afrique du S. Il atteint 35 m, parfois beaucoup plus (il existe en Nouvelle-Zélande des spécimens de 60 m). Les fl. (ci-contre) s'ouvrent début avril, les mâles jaune vif, en grosses grappes, les femelles rouge pourpré foncé, de 1,8 cm de long environ. Les cônes (extrême droite), à écailles beaucoup plus développées d'un côté, mesurent 10 cm environ. Ils sont disposés en verticilles et restent fermés pendant 30 ans et plus. Les aiguilles (p. 21), groupées par 3, rarement par 2, sont vert clair brillant.

Pin à résine, pin rouge

Pinus resinosa Ait.
Originaire du S.-E. du Canada, de la région des lacs et du N.-E. des Etats-Unis, il aime les sols rocheux ou sablonneux. Il est exploité pour son bois dans le N. des Etats-Unis ainsi que comme ornement de parcs et de jardins. En Europe, on le trouve dans les grands jardins et les collections botaniques. Il atteint 30 m à l'état sauvage. Les fl. s'ouvrent fin mai, les mâles en grappes pourpre foncé, les femelles (ci-contre) pourpre rougeâtre, de 1 cm de long environ. Les cônes (extrême droite), de 5 cm de long environ, ont des écailles sans épine qui s'ouvrent à l'automne de leur seconde année pour libérer les graines ailées (on a coupé certaines aiguilles pour mieux montrer les cônes). Les aiguilles (p. 20) sont longues, minces, groupées par 2, formant un feuillage dense. Rompus, les jeunes rameaux orange dégagent une forte odeur de citron. L'écorce du tronc au niveau de la couronne est rouge orangé.

Pin dur

Pinus rigida Mill.
Originaire de l'E. de l'Amérique du N., on l'exploitait autrefois comme combustible ou comme bois de menuiserie. Peu ornemental, on ne le trouve guère que dans les collections et les grands jardins. Il atteint 25 m. Les fl. (ci-contre) s'ouvrent fin mai, les mâles en grappes rouges, les femelles rouge rosâtre, de 1 cm de long, disposées en verticilles sur les rameaux. Les cônes (extrême droite), de 3-6 cm de long, peuvent persister groupés pendant quelque temps. Chaque écaille porte un mucron piquant. Les aiguilles (p. 21), groupées par 3, sont vert foncé, torses, plus courtes et plus épaisses que chez les autres pins à 3 feuilles. La souche émet des rejets.

Pin de Weymouth,
pin du Lord,
pin blanc du Canada

Pinus strobus L.
Originaire de l'E. de l'Amérique du N., il est planté pour son bois clair en Europe centrale et occasionnellement aux Etats-Unis, ainsi que comme arbre d'ornement de parcs et de jardins. Il est naturalisé en France mais très attaqué par la rouille vésiculeuse qui a détruit beaucoup de vieux spécimens. Il atteint 30 m, beaucoup plus aux Etats-Unis. Les fl. (ci-contre) s'ouvrent début juin, les mâles en denses grappes vert jaunâtre, les femelles vert rosâtre, de 1 cm de long. Les cônes (extrême droite) sont allongés, de 12,5-15 cm de long, virant de verts à bruns à maturité. Les écailles dépourvues de mucron s'ouvrent largement pour libérer les graines ailées. Les aiguilles (p. 22), groupées par 5, sont plus courtes que chez la plupart des pins à 5 feuilles, vert foncé sur les faces externes, plus clair sur les internes.

Pin sylvestre,
pin commun

Pinus sylvestris L.
Originaire d'Europe occidentale et septentrionale et de Russie, il est largement répandu en Europe centrale mais limité aujourd'hui par la concurrence avec d'autres espèces. Il est largement planté en Europe et en Amérique du N. pour son bois et comme arbre d'ornement et atteint environ 36 m. Les fl. (ci-contre) s'ouvrent en mai, les mâles rondes et jaunes, en chatons ou réparties le long des pousses les plus faibles, les femelles rouges, de 0,5 cm de long environ. Les cônes (extrême droite), de 2,5-6 cm de long, virent du vert au brun ou brun rougeâtre à maturité, lors de leur seconde année. Les écailles, dépourvues de mucron, s'ouvrent pour libérer des graines ailées. Les aiguilles (p. 20), de 5 cm de long environ, sont vert-bleu, torses, disposées par 2. Elles peuvent atteindre 7 cm chez les jeunes sujets vigoureux. *P. sylvestris* se reconnaît à son écorce orange de la partie supérieure du tronc (p. 219) et à ses courtes aiguilles.

Pin de Chine

Pinus tabuliformis Carr.
Originaire de Chine et de Corée, il est cultivé dans les collections botaniques et atteint 25 m à l'état sauvage. Les fl. (ci-contre) s'ouvrent en mai, les mâles jaune clair, ovales, en épis, les femelles pourpre foncé, de 0,5 cm de long. Les cônes (extrême droite), de 5-6 cm de long, à écailles mucronées, virent de vert luisant à brun clair ou foncé à maturité. Ils peuvent persister plusieurs années sur l'arbre. Les aiguilles (p. 20), généralement groupées par 2, parfois par 3, sont vert foncé luisant.

Pin noir du Japon, pin de Thunberg

Pinus thunbergii Parl.
Originaire du Japon, il est cultivé dans les jardins et les collections botaniques. Il atteint 30 m et plus à l'état sauvage. Les fl. (ci-contre) s'ouvrent début juin, les mâles rouges, virant au jaune, en grappes, les femelles rouge pourpré, de 0,5 cm de long environ. Les cônes (extrême droite) peuvent atteindre 6 cm de long, chaque écaille portant un petit mucron. Il en naît jusqu'à 100 par rameau, même sur les jeunes sujets. Les aiguilles (p. 20) sont épaisses, pointues, légèrement torses, groupées par 2.

Pin à crochets, pin de montagne

Pinus uncinata Mirb., synonyme de *P. mugo* var. *rostrata* (Ant.) Hoopes
Originaire d'un territoire allant des Pyrénées aux Alpes, il est exploité pour son bois en Espagne et utilisé en France pour reboiser les sols pauvres. Il atteint 25 m environ. Les fl. (ci-contre) s'ouvrent début juin, les mâles rose foncé ou jaunes en grappes denses, les femelles pourpre rougeâtre foncé, de 0,5 cm environ. Les cônes (extrême droite) mesurent 2,5-5 cm de long. Les écailles inférieures portent un mucron recourbé. Les aiguilles (p. 20) sont rigides, rainurées sur les faces internes, groupées par 2.

Pin de Virginie

Pinus virginiana Mill.
Originaire de l'E. de l'Amérique du N., on le trouve dans certaines collections botaniques. Il atteint environ 15 m. Les fl. (ci-contre) s'ouvrent en mai, les mâles rouges virant au jaune, les femelles blanc rougeâtre, de 0,5 cm de long environ, à allure d'épis. Les cônes (extrême droite) sont : soit longs et étroits, de 5-6 cm de long, soit courts et ovales, de 3 cm de long. Les aiguilles (p. 20), groupées par 2, sont courtes, épaisses, torses, plus claires sur la face interne. Les ramules sont bleuâtres.

Pin de l'Himalaya

Pinus wallichiana A. B. Jacks.
Originaire de l'Himalaya, il est parfois exploité en Europe pour son bois et planté comme ornement dans les parcs, les jardins, les cimetières de Grande-Bretagne. Il atteint 45 m à l'état sauvage. Les fl. (ci-contre) s'ouvrent en juin, les mâles rougeâtres, en groupes claisemés, à la base des jeunes pousses, les femelles vert rosâtre clair ou pourpres, de 2 cm de long environ. Les cônes (extrême droite), généralement groupés, mesurent 15-30 cm de long à complète maturité et sont généralement couverts de résine. Les aiguilles (p. 22) sont longues, minces, groupées par 5 en bouquets inclinés, doux au toucher, qui tombent des branches. L'écorce est brun orangé, se craquelant parfois en plaques.

Pittosporum tenuifolium Gaertn.,
famille des Pittosporacées
Arbrisseau à fll. persist., originaire de Nouvelle-Zélande, couramment planté dans les jardins pour son feuillage qu'utilisent largement les fleuristes, surtout en hiver. Il atteint 9 m. Les fl. (extrême gauche), de 1,8 cm de diamètre environ, s'ouvrent en mai, dégageant une odeur douce, particulièrement le soir. Les fr. (ci-contre), de 1,2 cm de diamètre environ, sèchent et se rident à maturité. Les fll. (p. 27), vert clair luisant, ont des bords ondulés. Il existe plusieurs variétés cultivées à fll. pourpres, dorées ou panachées.

Platane commun, platane à feuille d'érable

Platanus acerifolia (Ait.) Willd., synonyme de *P.* × *hispanica* Muenchh. et de *P. hybrida* Brot., famille des Platanacées
A fll. cad., il s'agirait d'un hybride entre *P. orientalis* et *P. occidentalis.* On le trouve bordant les rues ou dans les parcs et les jardins dans la plus grande partie de l'Europe centrale et occidentale. Son bois de bonne qualité est utilisé en menuiserie, ébénisterie, outillage. Il dépasse 30 m. Les fl. (ci-contre) s'ouvrent en mai, mâles et femelles en inflorescences sphériques séparées, les femelles plus grosses et plus rougeâtres à l'extrémité des pousses, les mâles jaunes, plus bas, sur les rameaux plus anciens. Chaque rameau porte en général 2-4 boules de fr. (extrême droite). De 2-5 cm de diamètre environ, les fruits brunissent à l'automne et se désintègrent à la fin de l'hiver, bloquant souvent égouts et gouttières. Les fll. (p. 46) sont extrêmement variables, et cela sur un même sujet : plus ou moins lobées, ou dentées et de taille variable. Elles se teintent de jaune et d'orange à l'automne (p. 188). L'écorce (p. 219) est caractéristique, se détachant en larges plaques pour exposer une écorce lisse, plus claire, donnant ainsi au tronc une allure marbrée.

Platane d'Orient, main découpée

Platanus orientalis L.
A fll. cad., originaire de Grèce, de Bulgarie, de Yougoslavie et d'Albanie, il est depuis longtemps planté en Europe méridionale et dans le Moyen-Orient, pour ombrager les places des villages par exemple. Il est plus court et plus touffu que *P. acerifolia.* Fl. mâles et femelles s'ouvrent en mai (ci-contre) en inflorescences séparées. Les fr., semblables à ceux de *P. acerifolia,* se présentent par 3-6 boules par rameau. Les fll. (p. 46) sont également caractéristiques — profondément divisées en 5 lobes et plus dentées que chez *P. acerifolia.* L'écorce se fissure en écailles, plus rugueuse que chez *P. acerifolia.*

Podocarpus andinus Endl., famille des Podocarpacées
A fll. persist., originaire du Chili et d'Argentine, on le trouve dans les collections botaniques. Il atteint environ 15 m à l'état sauvage, beaucoup plus, jusqu'ici, en culture. Les fl. (extrême gauche) s'ouvrent en juin, mâles et femelles sur des sujets séparés : les mâles jaunes, en grappes de 2,5 cm de long environ, les femelles vertes et minuscules. Le fr. (ci-contre), de 1,8 cm de long environ, vire au jaune à maturité. Le fruit possède une chair charnue, comestible, de saveur douce, entourant un noyau que consommaient les Indiens. Sur les vieux arbres, les fll. (p. 13) sont étroites, pointues, vert foncé mat dessus, à 2 bandes bleuâtres dessous.

Populus, famille des Salicacées, **peuplier**
Arbres à fll. cad., alternes, larges. Fl. mâles et femelles sont groupées en chatons, généralement sur des sujets séparés. Les fr. sont de petites capsules contenant des graines recouvertes d'un duvet cotonneux.

Peuplier de Hollande, peuplier blanc, ypreau

Populus alba L.
Originaire d'Europe occidentale et centrale et d'Asie centrale, il est cultivé en Europe et en Amérique du N. comme arbre d'ornement de rues, parcs, etc., et comme abri sur le littoral du fait qu'il tolère bien l'air salin. Il atteint 30 m. Les fl. s'ouvrent en avril avant les fll., les mâles cramoisi rougeâtre et velues, de 7,5 cm de long environ, les femelles jaune verdâtre, de 5 cm de long environ. Les chatons fructifères libèrent leurs cotonneuses graines blanches en juin. Les fll. (p. 47) sont lobées et entièrement couvertes au début d'un épais duvet blanc, devenant ensuite vert foncé brillant dessus, d'un blanc pur dessous. L'écorce (extrême droite) est lisse, blanche ou grise marquée de losanges et devenant noire et rugueuse à la base.

Peuplier baumier

Populus balsamifera L.
Originaire d'une vaste zone couvrant le N. de l'Amérique du N., il est parfois planté en Europe dans les collections et les jardins. Il atteint 30 m à l'état sauvage, moitié moins en Europe. Les fl. s'ouvrent en mars, les mâles (ci-contre) rouge vif, de 7,5 cm environ, les femelles verdâtres, de 10-12,5 cm de long. Les fr. sont des capsules à 2 valves en grappes de 20-30 cm de long. Les fll. (p. 40) sont rondes, légèrement en cœur à la base, pointues, à dents arrondies, vert foncé dessus, plus claires dessous. Il produit des rejets et les bourgeons hivernaux sont couverts d'une résine à odeur balsamique. L'écorce est montrée à l'extrême droite.

Peupliers euraméricains

Populus × *canadensis* Moench, synonyme de *P.* × *euramericana* Guinier
Il s'agit d'un groupe d'hybrides entre *P. nigra* et *P. deltoides* obtenu en Amérique du N. Plantés en Europe, ils se sont révélés plus vigoureux et se propagent mieux que leurs parents. Il existe maintenant de nombreux clones (voir ci-dessous).

Peuplier régénéré

Populus × *canadensis* 'Regenerata'
Ce clone femelle obtenu en France en 1814 est aujourd'hui largement propagé en Grande-Bretagne comme en France, en particulier comme rideau près des voies ferrées. Il est maintenant sujet à une maladie bactérienne. Il atteint 30 m. Les fl. (ci-contre) s'ouvrent en mars et avril; le fr. (extrême droite), mûr en juin, est généralement stérile. Les fll. sont montrées p. 40.

Populus × *canadensis* 'Robusta'
Ce vigoureux clone mâle obtenu en France à la fin du XIXe siècle est largement propagé pour constituer des rideaux protecteurs, comme ornement et pour son bois. Il a, jusqu'ici, atteint quelque 35 m de haut. Les fl. (ci-contre) rouge vif, de 6 cm de long environ, s'ouvrent en mars. Les fll. (p. 40) déploient au printemps leur belle couleur bronze et virent au vert-bleu en été. Le chaton montré à l'extrême droite est celui de *P. canescens*.

Grisard, peuplier gris

Populus canescens (Ait.) Sm.
Originaire d'Europe méridionale, centrale et occidentale, il est couramment cultivé comme ornement et abri, spécialement en bord de mer. Il atteint 30 m. Les fl. s'ouvrent en mars, les mâles (ci-dessus à droite) rouges duvetées de gris, de 5-10 cm de long, les femelles (ci-contre) verdâtres et couvertes d'un duvet soyeux de 2-5 cm. Les chatons fructifères (extrême droite), de 10 cm de long, libèrent en juin des graines cotonneuses. Les fll. (p. 40) sont couvertes au début d'un duvet blanc qui ne persiste ensuite qu'en dessous, parfois très faiblement. Certains considèrent cette espèce comme hybride entre *P. alba* et *P. tremula*. L'écorce est brun verdâtre foncé et sillonnée, mais au niveau de la couronne (p. 219) elle est blanche, à stries et losanges noirs.

Peuplier monalifère

Populus deltoides Marsh.
Originaire de l'E. de l'Amérique du N. et introduit en France probablement au début du XVIIIe siècle, il est cultivé en Europe comme arbre d'alignement et pour son bois, en Amérique du N. comme arbre d'abri et d'ornement. Il atteint 30 m et plus à l'état sauvage. Les fl. s'ouvrent en mars, les mâles (ci-contre) rouges, atteignant 5 cm, les femelles verdâtres, atteignant 10 cm. Les capsules à 3 ou 4 valves libèrent en juin des graines cotonneuses. Les fll. (p. 40) ont des bords finement velus et des glandes au point d'insertion du limbe sur le pétiole. Bourgeons et fll. dégagent une forte odeur balsamique.

Populus grandidentata Michx.
Originaire de l'E. de l'Amérique du N., il atteint environ 21 m. Les fl. s'ouvrent en mars, les mâles rouges à poils soyeux gris, de 5 cm de long environ, les femelles (extrême droite) verdâtres, de 5 cm également. Les chatons fructifères, de 12,5 cm environ, composés de capsules à 2 valves, mûrissent en mai ou juin. Les fll. (p. 40) ressemblent à celles de *P. tremuloides* mais sont plus profondément dentées.

Populus lasiocarpa Oliver
Originaire de Chine centrale, il est cultivé dans les grands jardins et les collections. Il atteint environ 18 m. Les fl. (ci-contre) s'ouvrent en fin avril ou en mai, les mâles rougeâtres de 10 cm de long environ, les femelles vert jaunâtre, de même longueur. La plupart du temps, les chatons sont garnis en majorité de fl. mâles, portant des fl. femelles à la base. Les chatons fructifères (extrême droite) peuvent atteindre 20 cm et libèrent des graines cotonneuses en juillet. Les fll. (p. 42) sont notablement grandes — de 25 cm et même plus — sur d'épais rameaux rouges.

Peuplier commun, peuplier franc, liardier, liard

Populus nigra L.
Originaire d'Europe et d'Asie occidentale, il est rare mais ses variétés et cultivars sont très répandus. La plupart d'entre eux (comme les deux décrits ci-dessous) sont moins beaux que le type mais produisent un excellent bois.

Populus nigra L. var *betulifolia* (Pursh.) Torr.
Originaire d'Europe centrale et septentrionale ou il borde les routes, orne les parcs et les jardins. Il atteint environ 30 m. Les fl. s'ouvrent en mars, les mâles (ci-contre) rouges, de 5 cm de long environ, les femelles verdâtres, à peu près de même longueur. Les chatons fructifères, de 7,5 cm environ, libèrent leurs graines cotonneuses blanches en juin. Les fll. (p. 40), sur des pétioles aplatis, ont des dents pointant vers l'avant. Pousses, pétioles, nervures médianes et pédoncules floraux sont pubescents alors qu'ils sont glabres chez *P. nigra*. L'écorce (extrême droite) est brun foncé, sillonnée, portant de nombreuses protubérances.

Peuplier d'Italie

Populus nigra cv. 'Italica'
Ce clone mâle propagé par boutures d'un peuplier de Lombardie (Italie du N.) au début du XVIIIe siècle est planté au bord des routes, comme couvert ou à titre décoratif en Europe et en Amérique du N. Il atteint 30 m et plus. Les fl. (ci-contre) s'ouvrent en mars ou avril, pouvant atteindre 5 cm de long. Les fll. (p. 40) rappellent celles de *P. nigra*, sur des pétioles et des pousses glabres. L'écorce est grisâtre, souvent striée et craquelée et portant des pousses (extrême droite). La forme de cet arbre est son trait le plus caractéristique.

Tremble, peuplier tremble

Populus tremula L.
Originaire d'Europe, d'Afrique du N. et d'Asie, il forme des taillis à l'état sauvage car il rejette facilement. Il atteint environ 15 m. Les fl. s'ouvrent en février, les chatons mâles rosâtres, à poils soyeux gris, de 5-10 cm de long, les femelles (ci-contre) également gris et soyeux. Les chatons fructifères (extrême droite), de 10-12,5 cm, libèrent de blanches graines laineuses en mai. Les fll. (p. 40) sont presque rondes, à bords ondulés, sauf sur les rejets où elles peuvent être échancrées. Du fait des pétioles aplatis, elles tremblent au vent. Elles portent des paires de glandes au point d'insertion du limbe sur le pétiole et virent au jaune clair à l'automne. L'écorce est lisse, grisâtre, striée horizontalement.

Populus tremuloides Michx.
Originaire d'une vaste zone d'Amérique du N. — le S. de la toundra au Canada et l'O. des Etats-Unis, le Mexique vers le N. —, il est parfois cultivé en Europe. Il atteint 30 m à l'état sauvage, généralement deux fois moins en culture. Les fl. s'ouvrent en février et mars, les chatons mâles rosâtres à longs poils argentés, de 5 cm environ et plus minces que ceux de *P. tremula*, les femelles (ci-contre), à poils argentés également et de même taille. Les chatons fructifères, de 15 cm de long environ, libèrent en mai des graines blanches cotonneuses. Les fll. (p. 40) sont presque circulaires, à bords joliment dentés mais non ondulés sont insérées sur des pétioles aplatis, ce qui les fait trembler au vent. L'écorce est plus claire et plus jaune que chez *P. tremula*, celle des jeunes sujets marquée horizontalement de sombre.

Populus trichocarpa Hook.
Originaire de l'O. de l'Amérique du N., de l'Alaska à la Californie, il donne un bois utilisé en ébénisterie et pour la pâte à papier. C'est un arbre d'alignement, d'abri et d'ornement de jardins. Il atteint jusqu'à 60 m à l'état sauvage mais généralement beaucoup moins. Les fl. s'ouvrent en mars, les mâles (ci-contre) rouges et trapues, de 5 cm de long environ. Les chatons femelles sont verdâtres, de 15 cm de long à maturité. Ils portent des capsules pubescentes à 3 valves qui libèrent en juin de blanches graines cotonneuses. Les fll. (p. 40) sont de taille variable — de 5 cm jusqu'à 25 cm sur les jeunes pousses vigoureuses. Bourgeons et jeunes fll. dégagent une forte odeur balsamique. L'écorce est lisse et gris verdâtre jeune, se craquelant peu profondément avec l'âge (extrême droite).

Prunus, famille des Rosacées
Vaste groupe d'arbustes et d'arbres, portant généralement des grappes de fl. à 5 pétales, roses ou blancs et des fr. à une seule loge à un noyau. Ils sont largement cultivés pour leurs fl. ou leur fruits.

Prunus 'Accolade'
Il s'agit d'un cerisier ornemental de jardins, probablement d'un hybride entre *P. sargentii* et *P. subhirtella.* C'est un petit arbre à branches étalées. Les fl. (extrême gauche), de 4 cm de diamètre, à 12-15 pétales, s'ouvrent en mars. Les fll. (p. 30) cad. sont profondément dentées, prenant des teintes rouges et jaunes à l'automne.

Prunus americana Marsh.
Arbre ou buisson à fll. cad., originaire de l'E. des Etats-Unis, il est à l'origine de nombreuses variétés de « prunes rouges américaines ». Il atteint 9 m. Les fl. (ci-contre), de 1,2-2,5 cm de diamètre, s'ouvrent en avril. Le fr. est rond, de 2,5 cm de diamètre environ, à chair jaune. Les fll. (p. 31), sur des pétioles pubescentes, portent des touffes de poil dessous aux aisselles des nervures.

Merisier, merisier des oiseaux

Prunus avium L.
A fll. cad., originaire d'Europe, il porte des fr. acides mais c'est l'un des parents de la plupart des cerisiers cultivés européens. Le bois brun rougeâtre sert à fabriquer des armoires et tous objets nécessitant un fil de bois très droit comme les pipes et les instruments de musique. Si on le trouve dans les bois, les jardins et les parcs un peu partout en Europe, il est également cultivé et naturalisé dans l'E. de l'Amérique du N. Il atteint 18 m et plus. Les fl. (extrême gauche), de 2,5 cm de diamètre environ, s'ouvrent à la mi-avril en grappes, sur les rameaux de l'année précédente. Le fr. (ci-contre), de 2 cm de diamètre environ, est rouge clair ou noirâtre, doux ou acide. Les fll. (p. 31) sont insérées sur des pétioles rouges dessus et jaunâtres dessous, avec 2 glandes rougeâtres au sommet ; elles prennent des teintes jaunes et rouges à l'automne. L'écorce (ci-dessous) est brun rougeâtre, nettement marquée de lenticelles en lignes horizontales et largement craquelée.

Prunus avium cv. 'Plena'
Ce cultivar à fl. double est planté dans les jardins, souvent en compagnie de *P. serrulata* à fl. roses. Il atteint 12 m environ, ce qui fait de lui le plus grand des cerisiers à fl. blanches et doubles. Les fl. (extrême gauche) s'ouvrent à profusion début mai, de 4 cm environ de diamètre chacune, à 30-40 pétales. Le fr. est rarement formé. L'écorce et les fll. sont semblables à ceux de *P. avium.*

Prunier myrobolan

Prunus cerasifera Ehrh.
Petit arbre de 9 m environ, à fll. cad., originaire des Balkans, il est cultivé en Europe centrale pour ses fr. et souvent utilisé comme porte-greffe pour les terrains calcaires. Les fl. (extrême gauche), de 2 cm, s'ouvrent fin mars avant celles de *P. spinosa* avec lequel on le confond souvent. Les fr., de 2,5 cm de diamètre environ, virent de jaune à rouge à la fin de l'été. Les fll. (p. 31) sont vert vif brillant dessus, plus claires dessous.

Prunus cerasifera cv. 'Pissardi', synonyme de *P. cerasifera* var. *atropurpurea* Dipp.
Souvent planté dans les avenues, parcs et jardins. Les fl. (ci-contre) s'ouvrent début mars, de 2 cm environ, rose pâle parmi fll. vertes, de profusion en général, mais comme à la campagne les boutons sont en partie mangés par les bouvreuils, les fleurs sont plus dispersées. Le fr. est pourpre, de 2,5 cm de diamètre environ. Les fll. (p. 31) s'assombrissent en cours d'été.

Amandier

Prunus dulcis (Mill.) D. A. Webb, synonyme de *P. amygdalus* Batsch, et de *P. communis* (L.) Arcang., pas Huds.
Ce petit arbre de 9 m environ, à fll. cad., probablement originaire du S.-E. asiatique et des Balkans, est cultivé pour ses fl. et ses amandes et naturalisé dans la plus grande partie de l'Europe. Il est également cultivé en Californie, en Australie et en Afrique du S. Les fl. (extrême gauche) s'ouvrent en mars et avril, atteignant jusqu'à 5 cm de diamètre. Le fr., de 3,7-6 cm de long, est entouré d'une enveloppe pubescente vert tendre qui s'ouvre pour libérer une noix ovale. Les fll. sont étroites, renflées vers la base.

Prunus 'Hillieri'
Petit cerisier ornemental, à fll. cad., de 10 m environ. Les fl. (ci-contre), de 3 cm de diamètre, sur de longs pédoncules (non encore développés sur la photo), s'ouvrent en avril. Les fll. (p. 31) sont doublement dentées, couleur bronze quand elles sont jeunes. *Prunus* 'Spire' provient du même croisement. Il a des fl. similaires mais a un port plus étroit (3 m de large environ à la base et 8 m de haut).

Prunus ilicifolia (Hook. & Arn.) Walp.
Arbuste ou arbre à fll. persist., originaire de Californie, il est cultivé comme ornemental dans l'O. et le S. de l'Europe et atteint 9 m à l'état sauvage. Les fl. (extrême gauche) s'ouvrent en mai en Californie, de 0,8 cm de diamètre chacune, en épis de 4-8 cm de long. Les fr. (ci-contre) mûrissent en novembre et décembre. Ils mesurent 1,2 cm de diamètre environ, avec une extrémité pointue et virent de vert à rouge et à pourpre foncé à maturité. Les fll. (p. 36) sont vert foncé brillant, à dents aiguës.

Laurier amande,
laurier cerise

Prunus laurocerasus L.
Arbuste à fll. persist., originaire d'Europe orientale, aux abords de la mer Caspienne, il est cultivé à travers l'Europe depuis le XVIᵉ siècle comme ornemental. Il atteint 6 m environ. Les fl. (extrême gauche), de 0,8 cm de diamètre environ, s'ouvrent en avril, en épis de 7,5-12,5 cm de long. Les fr. (ci-contre), de 1,2 cm de long environ, virent du vert et rouge au noir en septembre. Les fll. (p. 26) sont vert brillant et coriaces, à quelques petites dents sur les bords. Il existe de nombreuses variétés cultivées différant par la rapidité de croissance, la taille et la couleur des fll.

Laurier
du Portugal

Prunus lusitanica L.
Arbuste à fll. persist., originaire d'Espagne et du Portugal, il est cultivé comme ornemental dans les jardins de la plus grande partie de l'Europe Il atteint 6 m, parfois 2 fois plus. Les fl. (extrême gauche), de 1,2 cm de diamètre environ, s'ouvrent à profusion en juin, en épis de 15-25 cm de long. Les fr. (ci-contre) coniques, de 0,8 cm de long environ, virent au pourpre foncé en octobre, à maturité. Les fll. (p. 26) sont plus petites que chez *P. laurocerasus,* plus douces, vert brillant dessus et faiblement dentées.

Abricotier
de Manchourie

Prunus maackii Rupr.
Arbre à fll. cad., originaire de Manchourie, de Corée et des régions voisines de Russie, il est cultivé comme ornemental dans les jardins et atteint 12 m. Les fl. odorantes (extrême gauche), de 1,2 cm de diamètre, s'ouvrent début mai en épis de 5-7,5 cm de long. Les fll. (p. 31) sont tachetées en dessous et les pétioles sont pubescents. L'écorce (p. 219) est brun luisant ou dorée, s'exfoliant en minces lames.

Mahaleb,
cerisier de sainte Lucie

Prunus mahaleb L.
A fll. cad., originaire d'Europe centrale et méridionale, il est cultivé pour ses fl. dans les jardins et naturalisé en Amérique du N. C'est un arbre de 12 m. Les fl. odorantes (ci-contre), de 1,2 cm de diamètre, s'ouvrent fin avril, début mai. Les fr. sont ovales, de 0,6 cm de long, virant au noir. Les fll. (p. 31) sont plutôt petites. La nervure médiane est velue dessous et le pétiole porte généralement 2 glandes.

Cerisier à grappes, merisier à grappes

Prunus padus
Arbre ou arbuste à fll. cad., originaire d'Europe et d'Asie, il est souvent planté au bord des rues et dans les jardins. Il atteint 15 m. Les fl. (extrême gauche) odorantes, de 1,2 cm de diamètre, s'ouvrent fin mai en épis de 7,5-15 cm. Les fr. (ci-contre), de 0,6 cm de diamètre, sont noirs, de saveur acide, mais servant à relever le goût d'eau-de-vie et de vin. Ils mûrissent en juillet et août. Les fll. (p. 31), finement dentées, peuvent porter des touffes de duvet sur les nervures latérales et des glandes sur le pétiole. L'écorce est lisse, brun grisâtre, malodorante. Deux cultivars sont très répandus dans les jardins :
P. padus cv. 'Plena' a de grandes fl. doubles qui restent ouvertes plus longtemps ;
P. padus 'Watereri' a des têtes de fl. en épis pouvant atteindre 20 cm et des fll. portant dessous, aux aisselles des nervures, d'assez importantes touffes de duvet.

Prunus pennsylvanica L. f.
A fll. cad., originaire d'Amérique du N. septentrionale, de la côte atlantique aux Rocheuses, il est de vie courte mais fournit un excellent abri aux jeunes arbres. Il atteint 12 m environ. Les fl. (extrême gauche) s'ouvrent fin avril ou mai, de 1,2 cm de diamètre chacune. Le fr. est rond, de 0,6 cm de diamètre environ, virant au rouge. Les fll. (p. 25) sont finement dentées, sur des pétioles glabres.

Pêcher

Prunus persica (L.) Batsch
Petit arbre de 6 m, à fll. cad., il est probablement originaire de Chine, mais planté ailleurs depuis si longtemps que ses origines sont obscures. Il est cultivé en Chine, en Europe et dans l'E. de l'Amérique du N. pour ses fr. doux et charnus. Les fl. (ci-contre), de 2,5-3,7 cm de diamètre, s'ouvrent en avril. Le fr., de 5-7,5 cm de diamètre, est rond, à peau veloutée, à chair jaune douce, à noyau sillonné. Les fll. (p. 25) sont étroites, renflées vers le centre.

Prunus sargentii Rehd.
A fll. cad., originaire du Japon et de Sakhaline, cet arbre de 25 m est cultivé en Europe et en Amérique du N. au bord des routes et dans les jardins. Les fl. (extrême gauche), de 3-4 cm de diamètre, s'ouvrent début ou mi-avril par paires. Les fr. sont ronds, noirs, de 0,8 cm de large, rarement produits. Les fll. (p. 31) ont des extrémités étroites, des dents grossières et des glandes à la base du limbe. Elles virent à l'orange et au rouge flamboyants fin septembre alors que les autres arbres sont encore verts (ci-contre).

Cerisier noir

Prunus serotina Ehrh.
Originaire d'Amérique du N. où son fr. arômatisait autrefois le brandy et le rhum et où son bois servait à confectionner des meubles, il est cultivé pour son bois et comme ornement de grands jardins en Europe. C'est un arbre de 30 m environ dans les meilleures conditions. Les fl. (extrême gauche) s'ouvrent fin mai, début juin, de 0,8 cm de diamètre, en épis de 10-15 cm de long. Les fr. (ci-contre), de 0,8 cm, mûrissent en septembre. Les fll. (p. 31) sont vert foncé et brillantes dessus, plus claires dessous et à nervure médiane velue. Le pétiole porte 2 minuscules glandes au point d'insertion du limbe. L'écorce dégage une forte odeur amère.

Prunus serrula Franch.
A fll. cad., originaire de Chine occidentale, il est cultivé dans les jardins pour son écorce décorative. Il atteint environ 15 m, souvent beaucoup moins. Les fl. (extrême gauche), de 1,6 cm de diamètre, s'ouvrent en avril en grappes de 2 ou 3. Les fr. sont rouges, ovales, de 1,2 cm de long environ. Les fll. (p. 25) sont étroites, finement dentées. L'écorce (ci-contre) est brun-rouge brillant, s'exfoliant en minces bandes.

Cerisier à fleurs japonais

Prunus serrulata Lindl.
D'origine probablement chinoise, il est cultivé au Japon mais est aujourd'hui assez rare. Le Japon a produit nombre de cerisiers décoratifs et on a pris l'habitude de les regrouper sous le nom de cette espèce bien que leurs origines soient le plus souvent obscures.
En voici quelques-uns :

Prunus 'Amanogawa'
A fll. cad., de port très étroit, de 8 m maximum, c'est l'arbre idéal pour les petits jardins. Les fl. odorantes (extrême gauche), de 2,5 cm de diamètre, à 9 pétales environ, s'ouvrent début ou mi-avril. Les fll. (p. 30), bronze au début, virent au jaune à l'automne.

Prunus 'Hokusai'
A fll. cad., de 7,50 m de haut maximum. Les fl. (ci-contre), de 5 cm de long, à 12 pétales environ, s'ouvrent fin avril et mai. Les fll. (p. 30), bronze au début, deviennent vertes ensuite, puis orangées et rouges à l'automne.

Prunus 'Kanzan' ou 'Sekiyama'
Ces noms sont dérivés de caractères chinois faisant référence à une montagne sacrée ; le premier s'orthographie également 'Kwanzan'. Il s'agit d'un cerisier très employé pour les jardins et les bords des rues. Il atteint 12 m. Les fl. (extrême gauche) s'ouvrent fin avril, début mai, de 5,5 cm de diamètre environ chacune, à 30 pétales environ. Les fll. (p. 30), à longues dents, sont rougeâtre foncé au début et le restent pendant un certain temps. Elles virent au doré, parfois au rouge à l'automne. L'écorce est montrée ci-contre.

Prunus 'Mikurama-gaeshi'
Petit arbre à fll. cad., idéal pour les petits jardins et les haies de par son port bien vertical. Les fl. (extrême gauche) dégagent une légère odeur de pomme et s'ouvrent à la mi-avril, de 5 cm de diamètre chacune, généralement solitaires, à 5 pétales, couvrant les branches assez dénudées sans cela. Les fll. (p. 30) à dents courtes sont couleur bronze au début, puis rapidement vertes et virant au rouge foncé et au jaune à l'automne.

Prunus 'Pink Perfection'
Cet hybride entre 2 cerisiers japonais atteint 7,50 m. Les fl. (ci-contre) s'ouvrent en avril. Elles ressemblent à celles de *P.* 'Kanzan' mais le bouton est plus foncé, la fl. d'un rose plus pur virant ensuite au rose clair. Les fll. (p. 30) sont d'un bronze plus pâle au début.

Prunus 'Shirofugen'
Cet arbre à fll. cad. peut atteindre 7,5 m. Les fl. (extrême gauche) s'ouvrent tard, en mai. A 30 pétales environ, de 5 cm de diamètre, elles sont roses au début, pâlissant presque jusqu'au blanc. Les fll. (p. 30) sont bronze pourpré au début, sur des pétioles rouges ; elles virent au brun cuivré à l'automne.

Prunus 'Shirotae'
A fll. cad., il atteint 9 m. Les fl. (ci-contre) sont semi-doubles, de 5 cm de diamètre, légèrement odorantes. Elles s'ouvrent début ou mi-avril. Les fll. (p. 30) sont vert clair au début, dentées, à extrémité filiforme.

Prunus 'Tai-Haku'
Cet ancien arbre japonais est aujourd'hui éteint dans son pays d'origine, mais a été multiplié en Europe à partir d'un spécimen unique découvert dans un jardin du Sussex. Il atteint 12 m. Les fl. (extrême gauche) solitaires atteignent 6 cm de diamètre ; elles s'ouvrent mi ou fin avril. Les fll. (p. 30) sont bronze au début, vertes en été, jaunes et orange à l'automne. Elles ont des bords comme frangés.

Prunus 'Hukon'
A fll. cad., il est populaire pour ses fl. originales (ci-contre) de teinte vert pâle ou jaunâtres. Semi-doubles, de 5 cm de diamètre, elles s'ouvrent fin avril. Les fll. (p. 30) vert bronze clair se teintent de rouge et de brun pourpré à l'automne.

Prunellier, épine noire, prunier épineux

Prunus spinosa L.
Cet arbuste ou petit arbre épineux, à fll. cad., originaire d'Europe et d'Asie septentrionale, est cultivé et naturalisé dans l'E. de l'Amérique du N. Ses fr. que l'on cueille au bord des chemins servent à colorer et arômatiser le gin. Son bois servait autrefois à faire des dents de râteaux. Il atteint quelque 4,50 m en tant qu'arbuste, 6 m comme arbre. Les fl. (extrême gauche) s'ouvrent avant les fll. en mars ou début avril, de 1,2 cm au moins de diamètre chacune. Les fr. (ci-contre), de 1,2 cm de diamètre environ, ont une saveur très astringeante. Les fll. (p. 31) sont petites, à dents pointues, velues dessous sur la nervure médiane. Les rameaux sont très épineux.

Cerisier à fleurs japonais

Prunus subhirtella Miq.
A fll. cad., originaire du Japon, il est cultivé dans les jardins. Il atteint 9 m. Les fl. (extrême gauche), de 1,8 cm de diamètre environ, s'ouvrent de fin mars à mi-avril. Le fr. est noir, rond, de 0,8 cm de diamètre. Le fll. (p. 31) sont irrégulièrement dentées, pubescentes sur le pétioles et la nervure médiane en dessous. *P. subhirtella* cv. 'Autumnalis' a des fl. roses semi-doubles qui s'ouvrent en novembre et décembre et parfois à nouveau au printemps.

Prunus virginiana
Arbre ou arbuste à fll. cad., originaire de l'E. et du centre des Etats-Unis, il est parfois planté et naturalisé en Europe centrale et occidentale. Il atteint 4,50 m. Les fl. (ci-contre), de 0,8 cm de diamètre, s'ouvrent fin mai en épis de 7,5-15 cm de long. Le fr. est rond, rouge, de 0,8 cm de diamètre. Les fll. (p. 31) portent dessous des touffes de duvet aux aisselles des nervures.

Prunus × yedoensis Matsum
Hybride supposé entre *P. subhirtella* et *P. speciosa*, à fll. cad., il est couramment planté dans les villes du Japon, en Amérique du N. et parfois en Europe. Il atteint 15 m. Les fl. odorantes (extrême gauche), de 2,5 cm environ, rose pâle ou blanches sur des pédoncules rouges, s'ouvrent fin mars ou début avril. Le fr. (ci-contre), de 1 cm de diamètre environ, vire au noir en août. Il est de saveur acerbe. Les fll. (p. 31) sont doublement dentées, brillantes dessus, à nervures velues dessous.

Pseudotsuga, famille des Pinacées, **sapin de Douglas**
Groupe de conifères à fll. persist., étroites, plates, rétrécies à la base, laissant sur le rameau une légère protubérance cicatricielle lorsqu'elles tombent. Des bractées trilobées font saillie de chacune des écailles des cônes.

Douglas à gros fruits

Pseudotsuga macrocarpa (Torr.) Mayr, synonyme de *P. douglasii* var. *macrocarpa* (Torr.) Engelm. Originaire de Californie, il est parfois planté dans les jardins et les collections. C'est un arbre de 9-28 m. Les fl. (ci-contre), apparaissent en avril, les mâles jaunâtres, de 1,2 cm environ, les femelles vert rougeâtre, de 5 cm de long environ. Les cônes mesurent 9-12,5 cm de long, parfois plus. Des écailles saillent de courtes bractées. Les fll. (p. 16), disposées tout autour du rameau, sont légèrement courbes, vert brillant dessus, à 2 bandes claires dessous. L'écorce (extrême droite) est gris-bleu, à larges craquelures brun orangé.

Douglas vert, sapin de l'Oregon, sapin de Douglas

Pseudotsuga menziesii (Mirbel) Franco, synonyme de *P. douglasii* (Lindl.) Carr., et de *P. taxifolia* (Lamb.) Sudw.
Originaire de l'O. de l'Amérique du N., du Canada à la Californie, il est cultivé à travers l'Europe pour son bois de grande qualité. En voie d'être naturalisé en France, il atteint 60-90 m. Les fl. (ci-contre) s'ouvrent fin mars et avril, les mâles jaunes, sous les pousses, les femelles vert jaunâtre ou rosâtre, à l'extrémité des vieux rameaux, de 1,8 cm de long environ. Les cônes (extrême droite) virent de vert à brun en septembre ; ils mesurent 7,5 cm de long avec des bractées très droites. Le feuillage est dense (p. 16), en aiguilles à l'extrémité émoussée, à forte odeur fruitée. L'écorce des vieux sujets est grise et rugueuse, à craquelures larges et profondes.

Douglas bleu

Pseudotsuga menziesii var. *glauca* (Mayr) Franco, synonyme de *P. douglasii* var. *glauca* Mayr
Originaire de l'E. des montagnes Rocheuses, du Montana au Mexique, il est parfois cultivé comme arbre d'ornement dans les Etats américain de l'E. et en Europe. Il atteint 25 m. Les fl. s'ouvrent fin mars, début avril, les mâles (ci-contre) pourpre rosé mat, de 0,8 cm, les femelles rouge foncé, de 1,8 cm de long. Les cônes (extrême droite) sont plus petits que ceux du type, de 5 cm de long environ, à bractées saillantes, coudées à angle droit. Les fll. (p. 16) sont gris-bleu dessus, à 2 bandes gris-bleu dessous, à extrémité arrondie et peu odorantes lorsqu'on les froisse. L'écorce est gris foncé et squameuse.

Orme de Samarie

Ptelea trifoliata L.,
famille des Rutacées
A fll. cad., originaire du S. du Canada et de l'E. des Etats-Unis, il est planté dans les jardins et parfois naturalisé en Europe centrale. Souvent arbustif, il atteint 7,50 m. Les fl. (extrême gauche), souvent presque blanches, s'ouvrent en juin et juillet, de 0,8 cm chacune, en grappes rondes de 5-7,5 cm de diamètre. Les fr. (ci-contre) atteignent 2,5 cm de diamètre, virant éventuellement au jaune paille à maturité. Froisées les fll. (p. 50) à 3 folioles dégagent, ainsi que l'écorce et le fr. immature, une forte odeur aromatique.

Pterocarya fraxinifolia (Lam.) Spach, famille des Juglandacées
A fll. cad., originaire du Caucase et du N. de l'Iran, il est occasionnellement planté pour son bois et comme ornement en Europe. Il atteint 30 m sur un tronc court et épais. Les fl. (ci-contre) s'ouvrent en avril, les chatons mâles épais et verts, de 7,5-12,5 cm de long, les femelles plus longs, à fl. plus clairsemées portant des styles rouges et se développant en chatons fructifères de 30-50 cm de long constitués de graines entourées d'ailes vertes de 1,8 cm de diamètre. Les fll. (p. 54) peuvent dépasser 60 cm de long mais sont généralement plus courtes, à 7-27 folioles sessiles, glabres dessus, portant des touffes de poils dessous. Le rachis est rond et lisse

Pterocarya × *rehderiana* Schneid.
Cet hybride entre *P. fraxinifolia* et *P. stenoptera* a été obtenu aux Etats-Unis à la fin du XIXe siècle. C'est un arbre à fll. cad. de 25 m environ. Les fl. (ci-contre) s'ouvrent fin mars, début avril, les chatons mâles épais et denses, de 7,5 cm de long environ, les femelles plus fins, à fl. clairsemées, pouvant être deux fois plus longs. Les chatons fructifères peuvent être aussi longs que chez *P. fraxinifolia,* mais les ailes des graines sont plus courtes et plus arrondies. Les fll. (p. 54) comptent 5-25 folioles sur un pétiol commun étroitement ailé (*P. stenoptera* a des pétioles fortement ailés).

Pyrus, famille des Rosacées, **poirier**
Arbres à fll. cad., simplement dentées, à fr. de forme bien particulière, à chair graveleuse.

Poirier faux amandier, perussas

Pyrus amygdaliformis Vill.
Originaire d'Europe méridionale, en particulier sur le pourtour de la Méditerranée, il est parfois cultivé comme ornemental dans d'autres parties de l'Europe. Il atteint environ 12 m mais peut être arbustif. Les fl. (extrême gauche), de 2,5 cm de diamètre, s'ouvrent en avril en grappes de 8-12, parfois. Les fr. (ci-contre) sont sphériques et non pyriformes, légèrement plus larges que longs, de 2,5 cm de diamètre environ. Ils virent au brun jaunâtre à maturité, en octobre. Les fll. sont variables, généralement étroites, de 3,7-6 cm de long, 1,2-1,8 cm de large, couvertes de poils clairs au début mais devenant rapidement glabres et luisantes dessus et presque glabres dessous.

Poirier commun

Pyrus communis L.
D'origine probablement hybride, issu du croisement de variétés cultivées et d'espèces sauvages, on le trouve à l'état sauvage dans la plus grande partie de l'Europe et il existe de nombreuses variétés cultivées de vergers et de jardins. Il atteint 12 m, plus à l'occasion. Les fl. (extrême gauche), de 2,5-3,7 cm de diamètre, s'ouvrent fin avril, début mai, en grappes. Les fr. (ci-contre) peuvent être presque ronds et atteignant jusqu'à 10 cm de long, à chair douce et virant au jaunâtre à maturité. Les fll. (p. 37) sont variables, généralement ovales ou presque rondes, glabres ou le devenant. L'écorce (p. 219) est brun foncé, se fissurant en épaisses petites plaques carrées.

Poirier feuille de saule

Pyrus salicifolia Pall.
Originaire du Caucase et d'Asie Mineure jusqu'au S. et au S.-O. de la mer Caspienne, il est cultivé comme arbre d'ornement des jardins européens. Il atteint environ 6 m. Les fl. (extrême gauche), de 1,8 cm de diamètre, s'ouvrent en avril. Le fr., de 2,5 cm de long environ, n'est pas de consommation agréable. Les fll. (p. 24) sont couvertes de soyeux poils argentés au début, pouvant ensuite devenir vert foncé dessus (pour les fl. et les fr., voir les photographies). *P. salicifolia* 'Pendula', souvent cultivé, a des branches plus pendantes que le type.

Quercus, famille des Fagacées, **chêne**
Fl. mâles et femelles sont séparées sur un même sujet, les mâles en chatons, les femelles solitaires ou en petits groupes et se développant en glands (c'est la caractéristique commune la plus importante). De nombreuses espèces ont des fll. cad., mais nombre de chênes portent des fll. persist. ou semi-persist.

Quercus agrifolia Née
A fll. persist., originaire de Californie, on ne le trouve ailleurs que dans les collections de chênes. Il peut atteindre 25 m mais est souvent arbustif, de quelques mètres de haut seulement, avec des rameaux prostrés. Les fl. (ci-contre) s'ouvrent en mai avec les fll. Les glands sessiles ou presque sont coniques, de 3,7 cm de long, souvent profondément enfouis dans la cupule (extrême droite). Ils mûrissent en une année et tombent en octobre. Les fll. (p. 29), de 2,5-5 cm de long, sont foncées et luisantes dessus, à touffes de duvet aux aisselles des nervures dessous.

Chêne blanc d'Amérique

Quercus alba L.
A fll. cad., originaire du centre et de l'E. de l'Amérique du N. où son bois lourd servait à faire bateaux, meubles, traverses, tonneaux, ainsi que du bois de chauffage, il atteint 30 m, parfois plus. Il croît même à des altitudes atteignant 1 400 m mais sous forme de buissons bas. Les fl. apparaissent avec les fll. (ci-contre) fin mai. Les glands (extrême droite), de 1,8 cm de long, généralement — mais pas toujours — sessiles, tombent début octobre. Les fll. (p. 48) atteignent 12,5-22,5 cm de long ; la face supérieure est vert foncé brillant, l'inférieure pubescente au début. A la foliaison elles sont teintées de violet et virent au rouge profond à l'automne tout en restant sur l'arbre souvent tout l'hiver.

Chêne bicolore, chêne bleu

Quercus bicolor Willd.
A fll. cad., originaire du S.-E. des Etats-Unis, son bois dur et lourd était autrefois utilisé en construction, en ébénisterie, pour faire des barrières et des traverses de chemin de fer. Il atteint 21 m. Les glands (ci-contre), de 2,5 cm de long, sont enfoncés d'un tiers dans la cupule. Ils mûrissent en une année et tombent en octobre. Les fll. (p. 49), de 7,5-17,5 cm de long, sont vert foncé dessus, feutrées dessous.

Chêne zan

Quercus canariensis Willd., synonyme de *Q. mirbeckii* Durieu
A fll. cad., originaire d'Afrique du N., on le trouve également en Espagne et dans l'O. et le midi de la France. Il atteint 35 m. Les glands (extrême droite), de 2,5 cm, mûrissent en une année. Les fll. (p. 49), de 9-15 cm, sont vert foncé dessus, pâles, un peu glauques dessous. Elles restent en partie durant tout l'hiver.

Quercus castaneifolia C. A. Mey.
A fll. cad., originaire des forêts du S. et du S.-O. de la mer Caspienne, il est malheureusement assez rare, même dans les collections. Il atteint 30 m. Les fl. (ci-contre) apparaissent avec les fll. fin avril ou début mai, les femelles aux aisselles terminales des jeunes pousses. Les glands (extrême droite), de 2,5 cm de long, mûrissent lors de leur seconde année et tombent en octobre. Les fll. (p. 26) — de 7,5-9 cm — sont vert foncé brillant dessus, gris mat et pubescentes dessous.

Chêne chevelu

Quercus cerris L.
A fll. cad., originaire d'Europe centrale et méridionale — du S.-E. de la France jusqu'aux montagnes des Carpathes et de Roumanie en passant par les Alpes et les Apennins —, c'est ailleurs un arbre courant de parcs et de jardins qui se naturalise rapidement dans les bois et les haies. Il atteint 40 m. Le bois est d'une qualité inférieure à celui des autres chênes, mais en tant qu'arbre d'ornement il est élégant et de végétation rapide. Les fl. (ci-contre) apparaissent en mai, les femelles aux aisselles des fll. à l'extrémité des pousses. Les glands (extrême droite) à grosses cupules laineuses tombent en octobre ; ils atteignent 2,5 cm de long et plus. Les fll. (p. 49), de 6-12,5 cm de long, pubescentes sur les deux faces, varient dans leur forme. L'écorce est montrée p. 219.

Quercus chrysolepis Liebm.
A fll. persist., originaire de la côte O. d'Amérique du N., du S. de l'Oregon au littoral californien, à des altitudes pouvant atteindre 2 800 m, son bois solide était utilisé autrefois dans la fabrication d'outillage agricole. Il est rare en collection. Cet arbuste ou petit arbre ne dépasse, en général, pas 18 m alors qu'il atteint 45 m à l'état sauvage. Les fl. (ci-contre) apparaissent fin mai, les femelles aux aisselles des jeunes fll. Les glands (extrême droite) atteignent 3,7 cm de long (les spécimens montrés ne sont pas entièrement mûrs). Les fll. ont soit des marges entières, comme sur la photographie des fl., soit semblables à celles du houx comme sur la photographie des glands (voir aussi p. 24). Elles mesurent 2,5-9 cm de long.

Chêne écarlate

Quercus coccinea Muenchh.
A fll. cad., originaire du N.-E. des Etats-Unis, à des altitudes atteignant 1 500 m, il est largement planté dans les parcs et les jardins pour ses étonnantes couleurs d'automne. Il atteint 25 m. Les fl. (ci-contre) apparaissent avec les fll. jaune vif, les femelles aux aisselles de ces nouvelles fll. Les glands (extrême droite), de 2 cm de long environ, sont mûrs en octobre. Les fll. (p. 48) sont vertes l'été, virant au rouge vif environ 6 semaines avant leur chute (p. 188). Vert lustré dessus, plus claires dessous, elles mesurent 7,5-15 cm de long.

Quercus dentata Thunb.
A fll. cad., originaire du Japon, de Corée et de Chine, il est cultivé dans quelques collections. Il atteint 18 m. Les fl. s'ouvrent en mai. Les glands (ci-contre), de 1,2-1,8 cm de long, dans une cupule à longues écailles étroites, tombent en octobre, les fll. (p. 49) brunissent à l'automne et restent souvent sur l'arbre durant l'hiver. Entièrement pubescentes au début, la face supérieure devenant lisse ensuite, elles comptent parmis les plus grandes fll. de chêne, dépassant parfois 30 cm de long.

Quercus frainetto Ten.
A fll. cad., originaire d'Italie méridionale, des Balkans et de Roumanie, il prospère en culture et atteint 30 m. Les fl. s'ouvrent en mai et les glands (extrême droite), de 1,2-1,8 cm de long, tombent en octobre. Les fll. (p. 49) atteignent 20 cm de long, la face supérieure devenant rapidement vert foncé, l'inférieure pubescente et vert grisâtre.

Quercus × *hispanica* Lam. 'Lucombeana'
Hybride naturel entre *Q. cerris* et *Q. suber,* on le trouve en Europe méridionale ainsi que dans nombre de jardins et collections. Il est semi-persist., à savoir que ses fll. brunissent en partie à l'automne mais ne tombent qu'en juin souvent au moment de la foliaison, sauf lors d'hivers très rigoureux. Il atteint 30 m. Les fl. (ci-contre) s'ouvrent fin mai, les femelles aux aisselles des fll., à l'extrémité des jeunes pousses. Les glands fertiles (extrême droite) sont produits en deux ans. Sur la photo des fl., noter les bords bruns des fll. semi-persist. Les fll. (p. 48), vert brillant dessus, feutrées de gris dessous, mesurent 5-12,5 cm de long. L'écorce est plus ou moins liégeuse, comme chez *Q. suber*.

Chêne vert, yeuse

Quercus ilex L.
A fll. persist., originaire de la région méditerranéenne, on le trouve couramment dans les parcs, les jardins et au bord des routes. C'est un arbre de belle prestance, aussi large que haut, à l'épais feuillage sombre. Le bois est dur, durable, utilisé en assemblage, comme tuteur ou pour faire un excellent charbon de bois. Il atteint jusqu'à 28 m. Les fl. (ci-contre) apparaissent en juin avec les nouvelles fll., les femelles aux aisselles de ces fll. Les glands (extrême droite), de 1,8 cm de long maximum, tombent en octobre ; après les étés favorables, la récolte est généralement très abondante. Les fll. (p. 29) sont variables en taille — 3,7-7,5 cm de long — à bords lisses ou à dents épineuses. Les jeunes fll. sont d'abord couvertes d'un duvet qui disparaît sur la face supérieure, la laissant vert foncé brillant. L'écorce (p. 219) est presque noire, craquelée en plaquettes.

Quercus imbricaria Michx.
A fll. cad., originaire de l'E. et du centre des Etats-Unis, on l'y trouve sur les terrains fertiles en colline ou en plaine. Il est parfois planté comme arbre d'ornement en Amérique du N., mais il est rare en Europe même dans les collections. Dans son bois, les pionniers taillaient les bardeaux dont ils couvraient leurs toits. Petit arbre de 15 m environ à l'état sauvage, il atteint 25 m en culture. Les fl. (ci-contre) apparaissent fin mai, début juin, les femelles aux aisselles des nouvelles fll. Les glands (extrême droite) atteignent 1,8 cm de long, presque autant de large ; les spécimens montrés ici ne sont pas entièrement développés. Les jeunes fll., d'un joli jaune, restent sur l'arbre jusqu'à la mi-juin ; à maturité, une fll. (p. 28) mesure généralement 10-17,5 cm ; elle est en général entière, quelquefois trilobée vers la base.

Chêne noir de Californie

Quercus kelloggii Newberry
A fll. cad., originaire des vallées et des montagnes côtières de Californie et d'Oregon, jusqu'à 200 m d'altitude, il est, en Europe, cultivé dans les collections botaniques. Les glands constituaient autrefois l'essentiel de l'alimentation des Indiens de Californie et son bois cassant servait de combustible. Il atteint 25 m et plus. Les fl. (ci-contre) apparaissent début mai, les femelles aux aisselles des nouvelles fll. Les glands (extrême droite), de 3,7 cm de long, inclus dans les cupules, se forment en deux ans et tombent vers octobre. Les fll. (p. 48), de 7,5-15 cm de long, sont vert foncé luisant dessus, plus claires dessous.

Quercus laurifolia Michx.
Semi-persistant, originaire d'une vaste zone longeant la côte S. de l'Amérique du N., dont la Floride, il est rare ailleurs, dans les collections uniquement. Il atteint 30 m. Les fl. apparaissent fin mai. Les glands (ci-contre) ont de petites cupules glabres. Les fll. (p. 24), de 7,5-10 cm de long en général, sont parfois lobées vers l'apex. Celles montrées avec les glands sont typiques, à base atténuée.

Quercus × *leana* Nutt.
A fll. cad., c'est un hybride naturel entre *P. imbricaria* et *Q. velutina* que l'on trouve ainsi que ses parents dans l'E. de l'Amérique du N. et dans quelques collections en Europe. Il atteint 20 m. Les fl. ne sont pas montrées. Les glands (extrême droite) tombent en octobre. Les fll. (p. 49) sont de forme et de pubescence variables.

Chêne du Liban

Quercus libani Olivier
A fll. cad., originaire de Syrie, du Liban et d'Asie Mineure, c'est un bel arbre, moins commun dans les collections qu'il ne le mériterait. Il atteint 21 m. Les fl. (ci-contre) apparaissent au milieu des jeunes fll. jaune vif fin mars, les femelles aux aisselles des fll. Les glands (extrême droite), de 2,5 cm de long, tombent en octobre. Les fll. (p. 26) sont caractéristiques, de 5-10 cm de long.

Quercus × *ludoviciana* Sarg.
C'est en Louisiane que l'on trouve cet hybride naturel à fll. cad. entre *Q. phellos* et probablement *Q. falcata* var. *pagodifolia*, Elliott. Les fll. (p. 48) sont très variables, pouvant atteindre 18 cm.

Quercus macranthera Fisch. & Mey.
A fll. cad., originaire du Caucase et du N. de l'Iran, on ne le trouve guère que dans les collections. Il atteint 25 m. Fl. en mai. Les glands (ci-contre) atteignent 2,5 cm et tombent en octobre. Les fll. (p. 49) atteignent 15 cm.

Chêne à gros glands

Quercus macrocarpa Michx.
A fll. cad., originaire de toute la partie E. de l'Amérique du N., son bois est solide et durable. Il atteint 50 m à l'état sauvage. Fl. en mai. Les glands (extrême droite) sont de taille très variable mais atteignent 5 cm dans le S. Les fll. (p. 49) mesurent 10-25 cm de long.

Quercus marilandica Muenchh.
A fll. cad., originaire du S.-E. et de l'E. des Etats-Unis, c'est un arbre mal venu de sols pauvres atteignant 10 m. Le bois dur fournit un bon combustible et du charbon de bois. Les fl. (ci-contre) apparaissent fin mai, les femelles à l'aisselle des nouvelles fll. Les glands sont petits, de 1,8 cm. Les fll. (p. 49) sont caractéristiques, de 7,5-17,5 cm de long.

Quercus myrsinifolia Blume
A fll. persist., originaire du S. de la Chine et du Japon, il n'est cultivé qu'en collection. Arbustif en culture, il atteint 15 m à l'état sauvage. Les jeunes fll. sont d'un intense rouge pourpré. Les glands (extrême droite) n'atteignent que 1,8 cm de long, dans d'originales cupules à rangées concentriques. Voir fll. p. 26.

Quercus nigra L.
A fll. cad., originaire du S.-E. des Etats-Unis, il atteint 25 m à l'état sauvage. Les fll. peuvent être larges à l'apex comme chez *Q. marylandica* ou longues et étroites comme chez *Q. phellos*. Elles restent sur l'arbre jusqu'à janvier.

Chêne des marais

Quercus palustris Muenchh.
A fll. cad., originaire du N.-E. des Etats-Unis, il réussit bien en culture en Europe mais on le trouve surtout dans les collections. Son bois dur et solide est utilisé dans la construction et pour tailler des bardeaux. Il atteint 25 m et plus. Les fl. (ci-contre) apparaissent début mai, les femelles aux aisselles des jeunes fll. jaune vif. Les glands (extrême droite), de 1,2 cm de long, enclos d'un tiers dans la cupule, sont mûrs au bout de deux ans. A droite, il s'agit de glands dans leur première année. Les fll. (p. 48), profondément lobées, atteignent 7,5-12,5 cm de long, avec des touffes de poils bruns aux aisselles des nervures dessous ; elles virent à l'écarlate et au rouge profond à l'automne (p. 189).

Chêne à glands sessiles, rouvre

Quercus petraea (Mattuschka) Lieblein
A fll. cad., originaire d'Europe et d'Asie occidentale, il est courant dans toute la France, excepté la région méditerranéenne. Le bois était utilisé autrefois pour la construction de bateaux et pour l'assemblage. Il atteint 30 m, parfois plus et vit très longtemps. Les fl. (ci-contre) apparaissent en mai, les femelles à l'aisselle des jeunes fll. au bout des pousses. Les glands (extrême droite) sont sessiles, ce qui le différencie de *Q. robur* dont les glands possèdent de longs pédoncules. Ils atteignent 3 cm, avec des cupules plus écailleuses que chez *Q. robur*. Les fll. (p. 48) sont pétiolées, de 7-5-12,5 cm de long, tandis que celles du *Q. robur* sont sessiles.

Chêne saule

Quercus phellos L.
Originaire du S.-E. des Etats-Unis, ses fll. sont en principe cad. sauf dans le S. de son habitat où elles sont presque semi-persist. Il croît dans les régions humides, en général près des marais et des cours d'eau, et atteint 20-30 cm. Les fl. (ci-contre) apparaissent en mai, les femelles aux aisselles des jeunes fll. Les glands (extrême droite) ne sont pas bien formés sur la photo. A maturité, la cupule couvre moins de la moitié du gland qui est plus arrondi, de 1,2 cm de long. Les fll. (p. 24) atteignent 10 cm de long, de même forme que celles du saule, jaunes au début puis vert vif devenant jaune d'or à l'automne (p. 189).

Quercus pontica K. Koch
A fll. cad., originaire du Caucase et du N.-E. de l'Anatolie, cet arbuste ou petit arbre atteint 8 m. Il est remarquable par ses grandes fll. (p. 29) — 10-20 cm de long — rappelant celles du châtaignier. Mûrs, les glands de 2,5-3,7 cm sont acajou. Les fll. (p. 189) virent au jaune à l'automne.

Chêne prin, chêne châtaignier

Quercus prinus L.
A fll. cad., originaire de l'E. des Etats-Unis, il se contente de sols médiocres. Le bois dur et facile à fendre était utilisé autrefois en construction, tonnellerie, fabrication de roues, de barrières... et comme combustible. Il atteint 30 m. Les fl. (ci-contre) apparaissent en avril avec les fll., soit plus tôt que chez la plupart des chênes. Les glands (extrême droite), de 2,5-3,7 cm de long, tombent en octobre. Les fll. (p. 49) rappellent celles de *Castanea sativa*. De 15-20 cm de long, elles sont régulièrement lobées, vert foncé dessus et à pubescence serrée dessous. L'écorce est presque noire, profondément sillonnée.

Chêne pubescent, chêne blanc

Quercus pubescens Willd.
A fll. cad., originaire d'Europe méridionale, d'Asie occidentale et du Caucase, il croît rapidement, jusqu'à 20 m. Les fl. (ci-contre) apparaissent fin mai, les femelles aux aisselles des fll. sur les nouvelles pousses. Les glands (extrême droite), de 2,5 cm de long, tombent en octobre. Les fll. (p. 48) — de 5-9 cm de long — sont pubescentes au début, devenant glabres et lisses dessus en été. La fll. montrée p. 48 n'est pas caractéristique ; celles qui figurent avec les fl. et les glands sont plus normales. Les bourgeons d'hiver et les jeunes pousses sont les fll., d'où le nom commun de l'arbre.

Chêne des Pyrénées

Quercus pyrenaica Willd.
A fll. cad., originaire d'Europe méridionale et du Maroc, on le trouve parfois dans les collections. Il atteint 18 m. Il ne fleurit qu'en juin mais à profusion, en même temps qu'éclosent les fll. très pubescentes (ci-contre) — les fl. femelles disposées aux aisselles des fll. Les glands (extrême droite) sont insérés sur un pédoncule pubescent dressé (ici, on a montré des spécimens séchés). Les fll. (p. 48) sont variables (souvent jusqu'à 20 cm de long) et profondément incisées, entièrement feutrées au début, puis uniquement sur la face inférieure grisâtre.
Q. pyrenaica 'Pendula'. Cette forme est plus courante dans les jardins et les collections que le type.

Chêne pédonculé

Quercus robur L.
A fll. cad., originaire d'Europe, de Russie orientale, d'Asie du S.-O. et d'Afrique du N., il croît en France partout à l'exception de la région méditerranéenne. Il peut vivre 800 ans et plus et dépasser 30 m de haut. Elément principal de nombreuses forêts, surtout dans le passé, son bois a toujours été très apprécié. Les fl. (ci-contre) apparaissent en mai, les femelles à l'extrémité des jeunes rameaux. Les glands (extrême droite) sont insérés sur de longs pédoncules, d'où le nom commun de l'espèce que cette particularité sépare de *Q. petraea*. Les glands, de 1,8-3 cm de long, tombent en octobre. Les fll., de 10-12,5 cm, sont sessiles (p. 48). Il existe de nombreuses variétés intéressantes, dont les deux suivantes :
Q. robur cv. 'Filicifolia'. Voir fll. p. 48.
Q. robur forma *purpurascens* (DC.) K. Koch. Voir fll. p. 48.

Copalme d'Amérique
Liquidambar styraciflua (p. 132)

Chêne écarlate
Quercus coccinea (p. 182)

Aesculus flava (p. 80)

Tulipier de Virginie
Liriodendron tulipifera (p. 133)

Platane commun,
Platane à feuille d'érable
Platanus acerifolia (p. 165)

Acer grosseri var. *hersii* (p. 70)
Erable plane,
Plane
Acer platanoides (p. 74)
Quercus pontica (p. 186)
Chêne des marais
Quercus palustris (p. 185)
Chêne saule
Quercus phellos (p. 186)
Quercus schumardii (p. 190)

Chêne rouge

Quercus rubra L., synonyme de *Q. borealis* Michx. f.
A fll. cad., originaire de l'E. de l'Amérique du N., de la Floride et du Texas au N. du Canada, c'est l'un des chênes américains introduits en Europe qui croît le plus vite, soit 2,5 m par an chez les jeunes sujets. Le bois est dur mais peu durable : on l'utilisait donc comme combustible, tandis que l'écorce riche en tanin servait à tanner le cuir. L'arbre atteint 18-25 m. Les fl. (ci-contre) apparaissent en mai, les femelles, rouges, aux aisselles des nouvelles fll. Les glands (extrême droite), de 1,8 cm de long, mûrissent en deux ans et tombent en octobre. Les fll. (p. 48), de 10-22,5 cm de long, sont d'un beau jaune vif les trois premières semaines ; elles virent de rouge profond à brun à l'automne.

Quercus schumardii Buckl.
A fll. cad., originaire du S.-E. des Etats-Unis, il est, dans la vallée du Mississippi, utilisé comme bois de charpente et considéré comme le plus précieux des chênes. Il atteint 30 m et plus. Les fl. (ci-contre) apparaissent en mai avec les ravissantes fll. jaunes, les femelles aux aisselles de ces fll. Les glands (extrême droite) mesurent 2,5 cm de long environ. Les fll. (p. 48) se distinguent de celles de *Q. rubra* et *Q. coccinea* par des touffes de poils clairs dessous ; de 7,5-9 cm de long, elles virent au rouge à l'automne (p. 189).

Chêne-liège

Quercus suber L.
A fll. persist., originaire des régions occidentales de la Méditerranée, on le trouve dans les collections et maintenant en Californie et dans le S. des Etats-Unis pour son écorce épaisse dont on tire le liège (p. 220), largement exploité en France — en Provence et dans le Roussillon — mais surtout en Espagne et au Portugal. Il atteint 20 m, mais dans son environnement originel rocheux, il est souvent plus petit et plus chétif. Les fl. (ci-contre) apparaissent fin mai, début juin, les femelles aux aisselles des fll. des pousses. Les glands (extrême droite) de maturation annuelle tombent d'octobre à janvier selon les sujets. Les fll. (p. 29) sont vert foncé brillant dessus, feutrées de gris dessous, de 2,5-6,2 cm de long.

Quercus trojana Webb, synonyme de *Q. macedonica* A. DC.
A fll. persist., originaire du S.-E. de l'Italie et des Balkans, c'est un petit arbre atteignant 20 m en culture. Les fl. (ci-contre) apparaissent avec les jeunes fll. vert tendre en mai, les femelles aux aisselles de celles-ci. Les glands (extrême droite), de 1,8-3 cm de long, tombent en octobre. La fll. montrée en p. 49 n'est pas significative et mieux vaut se référer à la photo d'extrême droite, notamment en ce qui concerne la nervation. Les fll. adultes sont entièrement lisses et glabres, de 3,7 cm de long.

Quercus × *turneri* Willd.
A fll. cad. ou semi-persistantes, cet hybride entre *Q. ilex* et *Q. robur* a été obtenu au XVIIIe siècle par S. Turner dans l'Essex. De beau port régulier, décoratif, cet arbre de 16 m est largement planté en Europe dans les jardins et les collections. Les fl. (ci-contre) apparaissent fin mai, début juin, les femelles aux aisselles des nouvelles fll. Les glands (extrême droite) semblables à ceux de *Q. ilex,* de 1,8 cm de long sur de longs pédoncules, tombent en octobre. Les fll. (p. 49), de 6-11 cm de long, restent sur l'arbre jusqu'en février et parfois même jusqu'après la foliaison, comme ci-contre, sur la photo des fl.

Quercitron, chêne des teinturiers, chêne noir

Quercus velutina Lam.
A fll. cad., originaire de l'E. de l'Amérique du N., on tire de son écorce le quercitron — un colorant jaune — et on l'utilise également en tannage. Il atteint 23 m, parfois beaucoup plus. Les fl. (ci-contre) apparaissent avec les nouvelles fll. fin mai, début juin, les femelles aux aisselles de celles-ci. Les glands (extrême droite), qui atteignent 1,8 cm de long, tombent en octobre. Les fll. sont très variables ; le spécimen de la p. 48 n'est guère représentatif et semble se rapprocher plus de la fll. de *Q. coccinea* (pp. 182 et 48), bien que moins profondément incisée. De 12,5 cm de long en général, ces fll. peuvent atteindre 30 cm. La face supérieure est vert foncé luisant, l'inférieure couverte d'un duvet floconneux roux, avec des touffes aux aisselles des nervures.

Sumac de Virginie, sumac amarante

Rhus typhina L., famille des Anacardiacées
Arbre ou arbuste à fll. cad., originaire de l'E. de l'Amérique du N., il est largement cultivé dans les jardins d'Europe centrale et septentrionale. Il atteint 7,5 m, mais jusqu'à 12 m à l'état sauvage. Les fl. (extrême gauche) s'ouvrent fin juin et juillet, mâles et femelles sur des sujets séparés. Les fl. femelles forment de denses têtes duveteuses de 10-20 cm de long, les mâles de grosses grappes plus clairsemées. Le fr. (ci-contre) est disposé en grappes cramoisies et veloutées de 10-20 cm de long. Les fll. (p. 58) sont également couvertes de poils veloutés. Elles virent à l'orange vif à l'automne.

Rhus verniciflua Stokes
A fll. cad., originaire de l'Himalaya et de Chine, ce sumac est cultivé dans d'autres parties de l'Asie orientale et parfois en Europe. On utilise le suc toxique extrait des rameaux pour fabriquer le vernis noir qui est à la base de la laque chinoise et japonaise; l'essence extraite des fr. servait autrefois en Chine à fabriquer des bougies. Il atteint 18 m en Chine. Les fl.(extrême gauche) s'ouvrent en juillet en grappes déployées atteignant 25 cm de long. Les fr. (ci-contre), de 0,6 cm de diamètre, virent au brun jaunâtre à maturité. Les fll. (p. 58), de 30-60 cm de long, à 7-13 folioles pétiolées, sont pubescentes dessous.

Robinier, faux acacia

Robinia pseudoacacia L., famille des Légumineuses
A fll. cad., originaire de l'E. et de la mi-O. des Etats-Unis, il est cultivé comme arbre d'ornement dans l'E des Etats-Unis et en Europe et naturalisé dans le S.-O. de l'Europe. Il atteint 25 m, formant souvent des taillis par rejets. Les fl. (ci-contre), à odeur de fl. d'oranger, s'ouvrent en juin en grappes de 10-20 cm. Les gousses (extrême droite), de 5-10 cm de long, contiennent des graines réniformes. Les fll. (p. 57), de 15-20 cm de long environ, comptent généralement 13-15 folioles arrondies à extrémité échancrée, mucronulées au sommet. L'écorce (p. 220) est brun foncé et profondément sillonnée. Les rameaux sont fortement épineux.
R. pseudoacacia cv. 'Frisia'. Il s'agit d'une variété cultivée à fll. jaune doré.

Robinia viscosa Vent.
A fll. cad., originaire de Caroline et naturalisé dans de nombreuses parties de l'E. des Etats-Unis, il est cultivé comme arbre d'ornement dans maints pays tempérés et atteint 12 m. Les fl. (ci-contre), peu parfumées, s'ouvrent en juillet-août (France) en grappes de 12,5 cm de long environ. Les gousses, de 5-9 cm, contiennent des graines brun rougeâtre à poils visqueux. Les fll. (p. 57) à 13-21 folioles, sur un pétiole visqueux et velu, mesurent 17,5-30 cm de long. Les rameaux à poils visqueux également portent quelques épines.

Salix, famille des Salicacées, **saule**
Arbres et arbustes à fll. cad., simples, alternes, généralement étroites ; fl. mâles et femelles apparaissent sur des sujets séparés. Les fr. sont de minuscules capsules renfermant les graines.

Saule argenté,
saule blanc

Salix alba L.
Originaire d'Europe, d'Asie septentrionale et d'Afrique du N., il pousse librement au bord des cours d'eau et atteint 25 m. Les chatons s'ouvrent en avril et mai, les mâles (extrême gauche) jaunes, de 3,7-5,5 cm de long, les femelles verts, approximativement de même longueur et formant des chatons fructifères (ci-contre) qui s'ouvrent en juin pour libérer des graines en houppe. Les fll. (p. 25) sont vert clair au début, devenant vert foncé à poils blancs soyeux dessus, à épais duvet blanc dessous, ce qui donne à l'arbre une apparence blanc verdâtre.

Saule pleureur,
saule parasol

Salix babylonica L.
Originaire de Chine, il est planté dans les jardins et les parcs, au bord des lacs et des cours d'eau d'Europe et d'Amérique du N. Il atteint 10 m. Les chatons s'ouvrent à la mi-mai, les mâles (extrême gauche) jaunes, les femelles verts, atteignent 1,8 cm de long. Les fll. sont étroites, de 7,5-15 cm de long environ, glabres, vert foncé dessus et plus pâles dessous. Les jeunes rameaux sont bruns et tombants.

Saule marsault,
marsault

Salix caprea L.
Arbuste ou petit arbre originaire d'Europe et du N.-E. de l'Asie, il atteint 10 m environ mais est plus souvent arbustif. Les chatons (ci-contre) s'ouvrent sur les rameaux dénudés en mars et avril, les mâles gris et soyeux devenant jaunes, les femelles verts, tous deux de 3 cm de long. Les fl. femelles se développent en capsules vertes qui libèrent en mai leurs graines en houppes. Les fll. (p. 32) sont larges pour un saule, sur des pétioles pubescents rouges. Elles sont souvent ondulées, à doux poils gris dessous. Les rameaux à pubescence grise au début deviennent brun-rouge luisant.

Salix × *chrysocoma* Dode, synonyme de *S. alba* 'Tristis' Gaud.
C'est un hybride couramment cultivé dans les parcs, les jardins, au bord de l'eau et sur les sols secs. Il atteint 20 m. Les chatons (extrême gauche) s'ouvrent en avril, généralement mâles, de 7 cm environ, recourbés vers le haut, parfois contenant également des fl. femelles. Les fll. (p. 25) sont étroites, à poils soyeux, plus pâles que chez *S. babylonica*. Branches et rameaux sont dorés.

Saule cendré, gévrine

Salix cinerea L.
Arbuste ou petit arbre originaire d'Europe et du N.-E. de l'Asie, il peut atteindre 10 m mais est généralement arbustif. Les chatons (ci-contre) s'ouvrent en mars et avril, plus minces que chez *S. caprea*. Les capsules libèrent leurs graines en mai. Les fll. (p. 25), de même allure que celles de *S. caprea*, sont plus étroites et moins ridées. Les jeunes rameaux sont couverts d'un duvet brun. L'espèce forme souvent des hybrides avec *S. caprea*.

Saule cassant

Salix fragilis L.
Originaire de France et d'Europe en général — de la Sibérie à l'Iran, il pousse au bord des cours d'eau. Les rameaux se brisent aisément à la base lorsqu'on les heurte, d'où le nom commun de l'espèce. Ces rameaux forment des boutures naturelles qui reproduisent l'arbre. Il atteint 25 m. Les chatons s'ouvrent en avril, les mâles (extrême gauche) jaunes, de 1,8-5 cm de long, les femelles (ci-contre) donnant des chatons fructifères de 10 cm de long environ, libérant leurs graines en houppe en mai. Les fll. (p. 25) sont étroites, finement dentées, légèrement velues au début et devenant vert brillant et glabres à maturité.

Salix matsudana Koidz. cv. 'Tortuosa'
Il s'agit d'une variété cultivée de *S. matsudana*, l'une des rares espèces chinoises. Il est planté au bord des rues et dans les jardins et mesure jusqu'à 12 m. Les chatons (extrême gauche), exclusivement femelles, de 2,5 cm de long environ, s'ouvrent en avril et se développent en chatons fructifères qui libèrent leurs graines cotonneuses en juin. Rameaux et fll. (p. 25) sont curieusement tordus et enroulés.

Saule noir

Salix nigra Marsh.
Originaire de l'E. de l'Amérique du N. où l'on fait des caisses de son bois léger, il atteint 12 m. Les chatons s'ouvrent en avril, les mâles (extrême gauche) jaunes, de 2,5-5 cm de long les femelles verts, à peu près de même longueur, libérant leurs graines en mai et juin. Les fll. ci-contre) sont étroites, souvent légèrement courbes, vert clair luisant à maturité.

Saule laurier, saule brillant, saule à cinq étamines

Salix pentandra L.
Originaire d'Europe centrale et septentrionale et d'Asie Mineure, il borde les cours d'eau et est parfois cultivé en jardins. Il atteint 20 m. Les chatons (ci-contre) s'ouvrent fin avril ou mai, les mâles jaunes, de 1,8-6 cm de long, les femelles verts, plus minces et plus courts. Les chatons fructifères (ci-dessous, gauche) atteignent 10 cm et libèrent leurs graines cotonneuses en juin. Les fll. (p. 25) sont vert foncé brillant et plus larges que chez la plupart des saules.

Saule amandier, osier brun, osier franc saule à trois étamines

Salix triandra L.
Arbustes ou petit arbre originaire d'Europe, il atteint 10 m. En Europe, on en fait des paniers. Les chatons s'ouvrent en mars ou avril, les mâles minces et jaunes les femelles verts. Les graines sont libérées en mai et juin. Fll. (p. 25) étroites et brillantes. L'écorce s'exfolie en plaquettes.

Saule des vanniers osier blanc

Salix viminalis L.
Arbuste ou petit arbre de 10 m environ, originaire d'Europe centrale et occidentale, on le taille fréquemment. Les chatons s'ouvrent en avril et mai, avant la foliaison, les mâles (ci-contre) gris et soyeux à anthères jaunes, de 1,8 cm de long environ, les femelles verts, libérant les graines en juin. Les fll. (p. 24) sont étroites, à marges enroulées, vert foncé dessus, couvertes de poils soyeux dessous.

Sureau noir, susier

Sambucus nigra L., famille des Caprifoliacées
Arbuste ou petit arbre originaire d'Europe, d'Afrique du N. et d'Asie occidentale, il pousse librement dans les bois et les bosquets, parfois même considéré comme trop envahissant. Fl. et fr. servent à confectionner un vin apéritif. Il atteint 10 m. Les fl. (extrême droite) s'ouvrent en mai-juin, de 0,6 cm chacune, en groupes de 10-20 cm de diamètre. Les fr. (ci-contre), de 0,6 cm de diamètre, sont mûrs en août et septembre. Ils sont très riches en vitamines C. Les fll. (p. 53), à 5 ou 7 lobes dentés, sont malodorantes.

Sassafras albidum (Nutt.) Nees, famille des Lauracées, **sassafras**
Originaire de l'E. des Etats-Unis, son écorce et ses racines produisent une essence odorante et de ses fll. les Indiens Choctaw faisaient du savon. Il atteint 21 m. Fl. mâles et femelles apparaissent sur des sujets séparés, petits, jaunâtres, en grappes. Fr. ovale, bleuâtre, de 0,8 cm de long environ. Fll. (p. 47) entières ou à 2 ou 3 lobes, devenant jaunes et orange à l'automne.

Saxegothaea conspicua Lindl., famille des Podocarpacées.
Conifère à fll. persist., originaire du Chili et d'Argentine, il est parfois buissonnant ou forme un arbre élancé aux rameaux défléchis de 18 m environ, moins en Amérique du S. Les fl. (extrême gauche) s'ouvrent en mai, les mâles pourpre rosâtre, de 0,2 cm de long environ, les femelles sur le même sujet, vert-bleu pâle, donnant des cônes de même couleur (ci-contre), de 1,2 cm de long. Les fll. (p. 13) sont plates, dures, courbes, à extrémité acérée, à 2 bandes blanchâtres dessous.

Sapin parasol

Sciadopitys verticillata (Thunb.) Sieb. & Zucc., famille des Taxodiacées
Conifère à fll. persist., originaire du Japon, il est cultivé dans les grands jardins et atteint 36 m dans son habitat naturel, 21 m environ en culture. Les fl. (ci-contre) s'ouvrent en avril et mai, les mâles jaunes, de 1,2 cm environ, en grappes à l'extrémité des pousses, les femelles foncées. Les cônes (extrême droite), de 5-7 cm de long, mûrissent en deux ans, virant du vert au brun. Les écailles s'ouvrent pour libérer les graines, et le cône se casse facilement s'il est saisi. Les fll. (p. 18) sont disposées en verticilles le long des branches. Elles sont étroites, vert brillant, avec un sillon bien prononcé sur les deux faces. L'écorce est brun rougeâtre, s'exfoliant en longues bandes.

Séquoia toujours vert

Sequoia sempervirens (D. Don) Endl., famille des Taxodiacées
Conifère à fll. persist. originaire de la côte pacifique — de l'Oregon vers le S., y compris la Californie — il est cultivé en Amérique du N. pour son bois et parfois en Europe comme arbre d'ornement de parcs ou de vastes propriétés. On suppose que c'est le plus grand arbre du monde — en Californie, un spécimen a dépassé 111 m. Les fl. (extrême gauche) s'ouvrent en février, les mâles jaunes ou brunes, de 0,6 cm de long, à l'extrémité des pousses, les femelles vertes, à peu près de même taille. Les petits cônes durs deviennent ligneux et bruns, de 1,8 cm de long, en une année (ci-contre). Le feuillage (p. 13) est constitué de fll. en écailles appliquées sur le rameau et de fll. en aiguilles, plates, sur 2 rangs de chaque côté du rameau. L'écorce (p. 220) est rouge orangé vif, souple et fibreuse.

Séquoia géant

Sequoiadendron giganteum (Lindl.) Buchholz, synonyme de *Sequoiadendron gigantea* (Lindl.) Decne., famille des Taxodiacées
Conifère à fll. cad., originaire des pentes orientales de la Sierra Nevada en Californie, il est cultivé comme ornemental dans l'E. des Etats-Unis et dans l'O. et le S. de l'Europe. Certains spécimens de 110 m sont parmi les plus grands arbres du monde et sont vieux de 4 000 ans. En Europe, il atteint 50 m environ. Fl. mâles et femelles (ci-contre) apparaissent sur le même sujet, les mâles en octobre, virant ensuite au jaune et libérant leur pollen en mars, les femelles en petits cônes verts de 1,2 cm de long environ à écailles munies d'une pointe. A maturité, soit au bout de deux ans, les cônes sont brun foncé, de 7,5 cm de long (à l'extrême droite, cônes jeunes). Ils peuvent rester 20 ans sur l'arbre. Les graines sont ailées. Le feuillage (p. 12) est constitué de fll. en écailles qui, froissées, dégagent une odeur anisée.

Sophora japonica (L.) **sophora du Japon,** famille des Légumineuses
Originaire de Chine.
Atteint 25 m. Grappes de fl. blanches en août.

Sorbus, famille des Rosacées, **alisier** et **sorbier**
Arbres à fll. cad., sous 3 formes dont 2 courantes : les alisiers à fll. simples, parfois lobées ; les sorbiers à fll. pennées. Les fl. sont petites, en grappes, les fr. sont bacciformes.

Sorbus americana Marsh.
Originaire de l'E. de l'Amérique du N., il y est cultivé aussi parfois en Europe pour ses fr. décoratifs et ses couleurs d'automne. Le fr. âpre est riche en vitamines et servait à préparer des remèdes. Souvent court et arbustif, il atteint parfois 9 m. Les fl. (extrême gauche), de 0,3 cm de diamètre environ, s'ouvrent en mai en grappes aplaties de 7,5-10 cm de diamètre. Les fr. (ci-contre) mesurent 0,6 cm de diamètre. Les fll. (p. 56) comptent 11-17 folioles sur un pétiole rouge foncé ou vert et virent au jaune vif à l'automne.

Alisier blanc, alouchier

Sorbus aria (L.) Crantz
Originaire d'Europe centrale et méridionale (à l'exception, en France, de l'O. et du Midi), il croît dans les sols calcaires. On le plante largement comme ornement dans les parcs et jardins sous ses nombreuses formes cultivées. Il atteint 25 m. Les fl. (extrême gauche), de 1,2 cm, s'ouvrent en mai en têtes de 5-7,5 cm de diamètre. Les fr. (ci-contre) atteignent 1,2 cm de diamètre environ, virant du vert au rouge en septembre et rapidement mangés par les oiseaux. Les fll. (p. 34), irrégulièrement dentées, sont couvertes au début d'un épais duvet blanc. Elles deviennent lisses dessus ensuite, restant blanches et feutrées dessous. Elles virent au jaune et au brun à l'automne.

Sorbier des oiseaux (des oiseleurs)

Sorbus aucuparia L.
Originaire d'Europe (exception faite, en France, de l'O. et du Midi), d'Afrique du N. et d'Asie Mineure, on lui attribuait, autrefois, en Ecosse, le pouvoir de conjurer les mauvais sorts près des maisons. Il est encore très populaire aujourd'hui, et largement planté en Amérique du N. Le bois dur est excellent pour fabriquer des manches d'outils par exemple et les baies, riches en vitamine C, font d'excellentes gelées. La médecine populaire les utilisait autrefois comme remède. L'arbre atteint 15 m. Les fl. (extrême gauche) s'ouvrent en mai, en grappes de 10-15 cm de diamètre. Les fr. (ci-contre) virent de verts à rouges en septembre, aussitôt mangés par les oiseaux. Les fll. (p. 56), à 9-15 folioles non dentées à la base, sont plus petites que chez *S. americana*. Les bourgeons sont longs, minces, pourpre foncé et velus. L'écorce (p. 220) est brun-gris luisant, marquée de lenticelles.

Sorbus commixta Hedl.
Originaire du Japon, de Corée et de Sakhaline, il est parfois planté dans les jardins et les villes. Il atteint 15 m. Les fl. (extrême gauche) s'ouvrent en mai en inflorescences de 7,5 cm de diamètre. Les fr., de 0,8 cm de diamètre environ, virent au rouge orangé brillant en août et septembre. Les fll. (p. 56), à 11-15 folioles, sont vert brillant dessus, blanchâtres dessous. Elles virent au pourpre profond puis au rouge en octobre et novembre. On reconnaît l'arbre à ses bourgeons pointus rouge luisant, de 1 cm de long environ.

Cormier, sorbier domestique

Sorbus domestica L.
Originaire d'Europe méridionale, d'Afrique du N. et d'Asie occidentale, il est souvent planté en Europe centrale comme ornement et pour son fr. (corme) qui, bien que sur, est d'un goût sucré à l'état blet. On en fait même une sorte de bière. L'arbre atteint environ 15 m. Les fl. (extrême gauche) s'ouvrent en mai, de 1,2 cm de diamètre, en grappes arrondies atteignant 10 cm de diamètre. Les fr. (ci-contre), de 2,5 cm de long environ, pyriformes ou arrondis, se teintent de rouge à brunâtre à maturité. Les fll. (p. 56), à 11-21 folioles, mollement pubescentes dessous, sont plutôt jaunâtres dessus. Leurs boutons sont ovales, vert vif et résineux. L'écorce est brun foncé et orange, fissurée en plaques et craquelée.

Sorbus 'Embley', synonyme de *S. discolor* Hort. Originaire de Chine, il est aujourd'hui cultivé dans les parcs, les jardins et en ville. Il atteint 15 m environ. Les fl. (extrême gauche) s'ouvrent fin mai. Les fr. sont rouge orangé, mûrs en septembre. Les fll. (p. 56), à 11-15 folioles, sont glabres dessous. Fin octobre elles virent au rouge écarlate (ci-contre) puis au pourpre foncé, exactement à l'inverse de celles de *S. commixta*; elles restent aussi plus longtemps sur l'arbre. Les bourgeons de 1,2 cm de long et plus sont rouge profond et pointus.

Sorbus hupehensis Schneid. Originaire de Chine occidentale, il est planté dans les jardins et les parcs européens. Il atteint environ 15 m. Les fl. (extrême gauche), de 0,8 cm de diamètre, à anthères pourpre rosé, s'ouvrent en mai en têtes arrondies de 7,5-15 cm de diamètre. Les fr. (ci-contre), de 0,6 cm de diamètre environ, virent au blanc ou au rose en septembre et restent sur l'arbre tard dans l'hiver. Les fll. (p. 56), à 11-13 folioles vert bleuâtre foncé, ne sont dentées qu'autour de l'extrémité, insérées sur un pétiole principal sillonné et rouge. Elles virent au rouge à l'automne.

Sorbus intermedia (Ehrh.) Pers. Originaire de Scandinavie, d'U.R.S.S. (aux abords de la mer Baltique) et du N.-E. de l'Allemagne, il est planté en Europe septentrionale dans les villes et les parcs car il supporte bien la pollution atmosphérique. Il atteint environ 10 m. Les fl. (extrême gauche), de 1,2 cm de diamètre, à anthères rose pâle, s'ouvrent fin mai en têtes de 7,5-10 cm de large. Les fr. (ci-contre), de 1,2 cm, sont vert luisant, virant en septembre à rouge orangé ou brun rougeâtre. Les fll. (p. 47), à 3-7 lobes dentées de chaque côté, se rétrécissent vers l'extrémité avec des dents moins profondes. Les bourgeons sont verts ou brun rougeâtre foncé, à pubescence grisâtre.

Sorbus 'Joseph Rock'
Arbre d'ornement originaire de Chine, il est parfois planté dans les jardins. Il atteint 10 m environ. Les fl. s'ouvrent en mai, les fr. (extrême gauche) virent au jaune doré et restent sur l'arbre en hiver. Les fll. (p. 56), à 15-19 folioles, virent au rouge orangé et au pourpre à l'automne (ci-contre).

Alisier de Fontainebleau

Sorbus latifolia (Lam.) Pers.
Originaire de l'E. et du centre de l'Europe, c'est probablement un hybride entre *S. aria* et *S. torminalis.* Il atteint 18 m. Les fl. (extrême gauche) s'ouvrent en juin (France) sur des pédoncules pubescents, les fr. (ci-contre) virent au brunâtre moucheté en septembre. Les fll. (p. 47) sont plus larges que chez les autres alisiers, faiblement lobées vers le centre. Elles sont vert foncé dessus, blanc feutré dessous sur un pétiole pubescent. L'écorce est brun foncé, irrégulière, s'exfoliant.

Sorbus mougeotii Soy.-Will. & Godr.
Indigène sur les escarpements des Alpes, des Pyrénées, des Vosges et du Jura, c'est un arbuste ou un petit arbre. Les fl. (extrême gauche), de 1,2 cm de diamètre, s'ouvrent en mai. Les fr. (ci-contre), légèrement mouchetés, sont mûrs en septembre. Les fll. (p. 47) sont plus étroites que chez *S. latifolia* mais à lobes plus profondément incisés. Elles sont foncées et luisantes dessus, blanchâtres et feutrées dessous.

Sorbus sargentiana Koehne
Originaire de Chine occidentale, il est planté dans les parcs et les jardins, souvent greffé sur *S. aucuparia*. Il atteint 10 m environ. Les fl. (extrême gauche) s'ouvrent en juin en grappes atteignant 15-20 cm de diamètre (beaucoup plus petite ici). Les pédoncules floraux portent des poils blancs. Les fr. (ci-contre), de 0,6 cm de diamètre, sont produits en énormes grappes. Les fll. (p. 55), plus grandes que chez *S. aucuparia* — jusqu'à 35 cm —, comptent 7-11 folioles. Elles virent à l'écarlate vif et à l'orange à l'automne. Les bourgeons sont rouge profond luisant, parsemés de gouttes de résine.

Sorbus × *thuringiaca* (Ilse) Fritsch
Cet hybride entre *S. aria* et *S. aucuparia* est parfois planté dans les jardins et les villes. Il atteint 12 m environ. Les fl. (extrême gauche), de 1,2 cm de diamètre, s'ouvrent en mai en têtes de 6-10 cm de diamètre sur des pédoncules pubescents. Les fr. (ci-contre), de 1,2 cm de diamètre, sont mûrs en septembre parfois tachetés de brun. Les fll. (p. 47) reflètent les caractères des parents ; elles sont profondément lobées, à 1-4 paires de folioles libres à la base. Elles sont vert foncé dessus, feutrées de blanc dessous. Les bourgeons, de 0,8 cm de long environ, sont brun-rouge foncé. L'écorce est gris mat, lisse, à craquelures peu profondes.

Alisier torminal

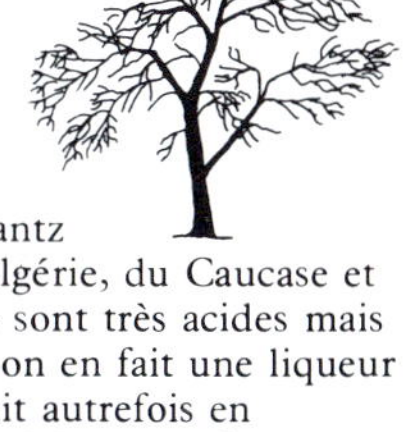

Sorbus torminalis (L.) Crantz
Originaire d'Europe, d'Algérie, du Caucase et du Moyen-Orient, ses fr. sont très acides mais comestibles à l'état blet ; on en fait une liqueur appréciée et on les utilisait autrefois en médecine. L'arbre atteint 25 m. Les fl. (extrême gauche), de 1,2 cm de diamètre environ, s'ouvrent en mai en têtes lâches de 10 cm de diamètre environ sur des pédoncules pubescents. Les fr. (ci-contre), de 1,2 cm de long environ, très mouchetés, mûrissent en septembre. Les fll. (p. 47), très différentes de celles des autres *Sorbus*, font parfois prendre l'arbre pour un érable. A 3-5 paires de lobes, elles sont vert vif luisant sur les deux faces virant à des rouges profonds à l'automne. Les bourgeons sont ronds, vert luisant. L'écorce est brun foncé ou grise, craquelée en plaques écailleuses.

Sorbus 'Wilfred Fox'
Cet hybride entre *S. aria* et *S. cuspidata* doit son nom au fondateur du Winkworth Arboretum (Surrey) qui étudia tout particulièrement les *Sorbus.* L'arbre atteint 12 m environ. Les fl. (extrême gauche), de 1,8 cm de diamètre environ, à anthères rose profond, s'ouvrent en mai en têtes de 7,5 cm de diamètre environ. Les fr. sont gros, de 1,8 cm de diamètre environ, devenant brun doré en septembre. Les fll. (p. 34) sont faiblement lobées, à 12-15 paires de nervures. Elles deviennent presque glabres, vert foncé dessus, restant claires et feutrées dessous. Les bourgeons sont ovales, vert et brun. L'écorce est gris pourpré foncé, à belles écailles.

Stewartia pseudocamellia Maxim., famille des Théacées
A fll. cad., originaire du Japon, il est parfois cultivé en jardins. L'arbre atteint 20 m, généralement moins. Les fl., de 5 cm de diamètre environ, avec des grappes d'anthères jaune vif et de larges pétales à bords ondulés, ressemblent à celles de *S. sinensis.* Les boutons sont insérés entre deux bractées à extrémité rouge et s'ouvrent fin juillet et août. Les fll. (p. 26), à marges souvent ondulées, sont vert mat dessus, luisantes dessous, à touffes de duvet aux aisselles des nervures. Elles deviennent jaunes et écarlates à l'automne (ci-contre). L'écorce est brun orangé, s'exfoliant (extrême droite).

Stewartia sinensis Rehd. & Wils.
A fll. cad., originaire de Chine centrale, il est cultivé dans les collections botaniques. L'arbre atteint 10 m environ. Les fl. odorantes (ci-contre), de 3,7-5 cm de diamètre, s'ouvrent en juillet-août ; leurs boutons sont entourés de bractées à 5 lobes teintés de rouge à l'extrémité. Les fll. (p. 26), plus grandes que chez *S. pseudocamellia,* sont vert vif sur les deux faces, sur des pétioles pubescents rouges, devenant rouges et cramoisies à l'automne (extrême droite). L'écorce (p. 220) brun cuivré foncé s'exfolie, révélant des zones gris clair, vertes ou crème.

Styrax, aliboufier

Styrax japonica Sieb. & Zucc., famille des Styracacées.
Cet arbre à fll. cad., originaire de Chine et du Japon, cultivé comme ornemental dans les jardins, atteint 11 m environ. Les fl. (extrême gauche) sont souvent produites à profusion, en grappes de 3-4 fleurs, sous les rameaux (une seule grappe est montrée ici). De 2,5 cm de diamètre, elles s'ouvrent en juin-juillet. Les fr. (ci-contre) mesurent 1,2 cm de long environ. Les fll. (p. 35) à quelques dents minuscules, sont insérées sur de courts pétioles. Elles sont luisantes dessus, plus mates dessous, avec des touffes de poils aux aisselles des nervures.

Styrax obassia Sieb. & Zucc.
A fll. cad., originaire du Japon, il est cultivé dans les jardins mais moins populaire que *S. japonica.* Il atteint 14 m environ. Les fl. odorantes (extrême gauche), de 2,5 cm de diamètre environ, s'ouvrent en juin en têtes atteignant 20 cm de long, pendantes, à l'extrémité des branches. Les fr. (ci-contre), de 1,8 cm de long, sont couverts d'un souple duvet brun. Les fll. (p. 39), presque rondes, à apex pointu sur les sujets adultes, sont relativement velues dessus. Chez les jeunes sujets, les fll. peuvent être dentées ou aplaties vers l'apex.

Taiwania cryptomerioides Hayata, famille des Taxodiacées
Conifère à fll. persist., originaire de Chine et de Birmanie, il atteint 14 m environ en culture. Les cônes (non montrés) ressemblent à ceux de *Cunninghamia lanceolata.* Le feuillage (p. 12) est semblable à celui de *Cryptomeria japonica* mais les aiguilles sont plus longues, à base plus large, effilées en pointe vive.

Cyprès chauve, cyprès de la Louisiane

Taxodium distichum (L.) Rich., famille des Taxodiacées
Ce conifère à fll. cad. est originaire des marais du S.-E. des Etats-Unis. Dans les terrains inondés, ses racines forment des émergences (pneumatophores) qui pointent hors de l'eau. Il est cultivé dans les jardins et les parcs d'Europe et d'Amérique du N. et atteint 45 m à l'état sauvage. Les fl. mâles apparaissent en fin d'automne, jaunissant et libérant leur pollen en avril alors que les grappes atteignent 10-30 cm de long. Les femelles sont de petits cônes de 0,2 cm de long (ci-contre), à la base des chatons mâles. Les cônes (extrême droite), de 2,5 cm de diamètre, virent du vert au brun à maturité. Les fll. (p. 13), plates et souples, sont disposées régulièrement sur deux rangs. Elles deviennent orange mat à l'automne et tombent avec les jeunes rameaux. Les rameaux sont alternes ou pas tout à fait opposées. L'écorce (p. 220) est brun rougeâtre et sillonnée ou s'exfoliant et fibreuse, souvent cannelée à la base des contreforts.

Taxus, famille des Taxacées, **if**
Arbres et arbustes à fll. persist. Fl. mâles et femelles sur des sujets séparés et graines contenues dans une sorte de coupe charnue (arille). Fll. plates et étroites.

If commun

Taxus baccata L.
Originaire d'Europe, d'Iran et d'Algérie, il est planté comme abri, ornement — pour jardins « à la française », par exemple. Fll. et graines sont toxiques ; le bois est dur et durable. L'arbre atteint 25 m. Les fl. (extrême gauche) s'ouvrent en mars et avril, les mâles jaunes, de 0,6 cm environ, les femelles minuscules et vertes. Le fr. (ci-contre) mesure 1,2 cm environ. Les fll. (p. 14) sont comme pectinées, pointant vers l'avant. L'écorce (p. 220) est brun foncé et rougeâtre, s'exfoliant en minces bandes.

If d'Irlande

Taxus baccata cv. 'Fastigiata'
Cet if cultivé de port en colonne à branches érigées est surtout planté dans les cimetières. La plupart sont des sujets femelles. *T. baccata* cv. 'Fastigiata aureomarginata'. Sur cette forme de l'if d'Irlande, les jeunes fll. sont dorées (p. 14). Seules les fl. mâles sont produites, pas les fr. *T. baccata* cv. 'Fructo-luteo'. Une forme à fr. jaune orangé (extrême gauche).
Taxus brevifolia Nutt., **if du Pacifique.** Originaire de la côte Pacifique de l'Amérique du N., il atteint 12 m. Fl. semblables à celles de *T. baccata ;* fr. constitué d'une coupe charnue rouge d'où émerge une graine verte. Fll. (p. 14) vert foncé dessus, plus pâle dessous.

If de Chine

Taxus celebica (Warburg) Li
Originaire de Chine, il est parfois cultivé dans les collections et atteint 8 m. Les fl. mâles (ci-contre), de 0,2 cm de diamètre environ, sont réparties sous les rameaux et libèrent leur pollen fin février et mars. Les fr. sont clairsemés, de 0,6 cm de diamètre environ, verts à graine plus foncée émergeant qui ne parvient que rarement à rougir en culture. Les fll. (p. 14) sont vert jaunâtre, clairsemées, ce qui donne à l'arbre une apparence décharnée.

If du Japon

Taxus cuspidata Sieb. & Zucc.
Originaire du Japon et cultivé dans les collections botaniques, c'est un arbre ou arbuste buissonnant de 15 m maximum. Les fl. mâles (extrême gauche), de 0,2 cm de diamètre environ, libèrent leur pollen fin février et mars. Les femelles sont verdâtres, minuscules, semblables à celles de *T. baccata,* donnant des fr. (ci-contre) caractéristiques, de 0,8 cm de diamètre, à graine vert grisâtre, émergeant. Les fll. (p. 14) sont courbes ou érigées. Elles sont dures, vert foncé luisant dessus, vert jaunâtre dessous, mucronées.

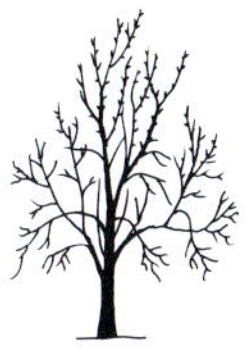

Tetracentron sinense Oliv.,
famille des Tétracentracées.
A fll. cad., originaire de Chine et cultivé dans les collections et certains grands jardins, c'est un arbre de 15 m environ. Les fl. en chatons de 9-15 cm de long apparaissent au printemps et s'ouvrent en été — la photo ci-contre les montre en mai, celle d'extrême droite en août. Les fll. (p. 42) rappellent celles de *Cercidiphyllum japonicum*, mais elles sont alternes. Elles sont caractéristiques dans la mesure où elles s'insèrent solitaires sur des renflements du rameau.

Thuja, famille des Cupressacées, **thuya**
Conifères (arbres et arbustes) à fll. persist., en écailles appliquées sur les rameaux. Fl. mâles et femelles sur un même sujet. Cônes petits, à quelques écailles et à graines ailées.

Thuya du Canada, cèdre blanc

Thuja occidentalis L.
Originaire de l'E. de l'Amérique du N., il est cultivé en Amérique du N. et en Europe comme ornement ou pour constituer des haies. Les formes naines sont plus courantes en Europe que le type. L'arbre atteint 15 m. Les fl. (extrême gauche) s'ouvrent en mars et avril, les mâles rouge foncé, les femelles jaune brunâtre foncé (en bas, à droite de la photo), les deux de 0,1 cm de diamètre. Les cônes (ci-contre) deviennent vert jaunâtre en mûrissant, à l'automne suivant ; à 8-10 écailles, ils mesurent 1,2 cm de long environ. Les fll. (p. 10) sont vert foncé dessus, jaunâtres dessous, dégageant une odeur de pomme quand on les froisse.

Thuya de Chine

Thuja orientalis L.
Originaire de Chine, de Mandchourie et de Corée, il est planté ainsi que ses nombreuses variétés cultivées en Europe et en Amérique du N. et atteint 18 m. Les fl. (extrême gauche) s'ouvrent en mars, les mâles jaune foncé, les femelles gris bleuâtre mat, de 0,1 cm environ. Les cônes (ci-contre), à 6 écailles à pointe généralement recourbée sur le dos, mesurent 1,8 cm de diamètre environ. Ils virent de vert bleuâtre à brun à l'automne, s'ouvrant pour libérer les graines ailées. Sur la photo des cônes, il s'agit du cultivar 'Elegantissima'. Les fll. (p. 10) sont vert foncé sur les deux faces.
T. orientalis cv. 'Elegantissima'. Petite variété cultivée à branches dressées, à fll. dorées à l'apex en été, virant au vert en hiver. Bon arbre pour les petits jardins et la culture en pots.

Thuya géant

Thuja plicata Donn ex D. Don
Originaire de l'O. de l'Amérique du N. où c'est une essence forestière importante, il est cultivé en Europe pour son bois, comme couvert, dans les jardins et souvent comme arbre de haies. Il atteint 40 m et plus. Les fl. (extrême gauche) s'ouvrent en mars, les mâles rouge foncé, jaune pâle quand elles libèrent leur pollen, les femelles vert jaunâtre, toutes de 0,2 cm de long environ. Les cônes (ci-contre) à 10-12 écailles mesurent 1,2 cm de long environ. Ils virent de vert jaunâtre à bruns et s'ouvrent légèrement pour libérer des graines ailées. Les fll. (p. 10) sont foncées et brillantes dessus, plus pâles dessous avec quelques marques blanchâtres. Elles émettent une odeur fruitée.

Thuya du Japon

Thuja standishii (Gord.) Carr.
Originaire du centre du Japon, il est cultivé dans les collections et les jardins et atteint 20 m en culture. Les fl. (extrême gauche) s'ouvrent en mars, les mâles rougeâtre foncé virant au jaune quand elles libèrent leur pollen, les femelles vert brunâtre, toutes de 0,1 cm de diamètre environ. Les cônes (ci-contre), de 1,2 cm environ, à 10-12 écailles, virent de vert vif à brun foncé à l'automne. Les fll. (p. 10) sont vert jaunâtre mat ou grisâtres dessus, tachées de gris dessous à la base. Les rameaux sont souvent recourbés à l'extrémité.

Hiba

Thujopsis dolabrata (L.f.) Sieb. & Zucc., famille des Cupressacées
Ce conifère à fll. persist. originaire du Japon est cultivé comme ornement de grands jardins. Il atteint 20 m en culture. Les fl. s'ouvrent fin avril ou mai, les mâles vert noirâtre, les femelles vert bleuâtre, toutes de 0,1 cm de long. Les cônes (extrême droite), de 1,2-1,8 cm de long, à 6-10 écailles, virent de vert bleuâtre à brun bleuâtre foncé à maturité, s'ouvrant pour libérer les graines. Les fll. (p. 11) sont plus grandes que chez les thuyas, vert foncé brillant dessus, à 2 bandes blanches dessous. L'écorce (ci-contre) est brun rougeâtre foncé, s'exfoliant en lanières.

Tilia, famille des Tiliacées, **tilleul**
Arbres à fll. cad., larges, dentées, à petites fl. odorantes en grappes attachées à une large bractée membraneuse à l'aisselle des fll. Petits fr. ronds, généralement à une graine.

Tilleul d'Amérique

Tilia americana L.
Originaire de l'E. de l'Amérique du N., il est cultivé pour son ombrage et comme ornement dans le N.-E. des Etats-Unis et comme source de nectar pour les abeilles. Il atteint 21 m et plus à l'état sauvage. Les fl. (extrême gauche) s'ouvrent début juillet, de 1,2 cm chacune, sur des pédoncules pubescents, avec une bractée arrondie atteignant 10 cm de long. Les fr. lisses et glabres mesurent 0,3 cm de diamètre environ. Les fll. (p. 41), de 20 cm de long environ, sont vert clair sur les deux faces et glabres à l'exception de quelques touffes de duvet aux aisselles des nervures dessous. L'écorce (ci-contre) est rugueuse, brun grisâtre foncé, sillonnée et ridée.

Tilleul à petites feuilles

Tilia cordata Mill.
Originaire d'Europe, du Caucase et de Sibérie, il est planté dans les parcs, les jardins, au bord des routes et dans les villes. Il atteint 30 m environ. Les fl. (extrême gauche), de 1,2 cm de diamètre, s'ouvrent début juillet, généralement en grappes de 5-10, d'odeur douce et persistante. Les fr. (ci-contre) mesurent 0,6 cm de large environ. Les fll. (p. 41), de 3,7-7 cm de long (plus petites que chez la plupart des tilleuls), sont vert foncé dessus, plus pâles dessous avec des touffes de duvet roux aux aisselles des nervures à la base de la fll. L'écorce est lisse, grise, virant au gris foncé et se craquelant largement avec l'âge.

Tilia × euchlora K. Koch
Cet hybride supposé entre *T. cordata* et un autre tilleul du Caucase est planté en Europe dans les parcs, les rues et certains jardins. Il atteint 20 m environ. Les fl. (extrême gauche) s'ouvrent fin juillet, plus grandes et plus jaunes que chez les autres tilleuls, groupées par 3-7. Elles ont un effet narcotique sur les abeilles que l'on peut trouver gisant sur le sol. Les fr. (ci-contre) sont elliptiques et pubescents, de 1,2 cm de diamètre. Les fll. (p. 41) sont vert foncé brillant dessus, plus pâles dessous avec des touffes de poils brun clair aux aisselles des nervures. L'écorce est lisse, gris mat, à quelques profondes craquelures.

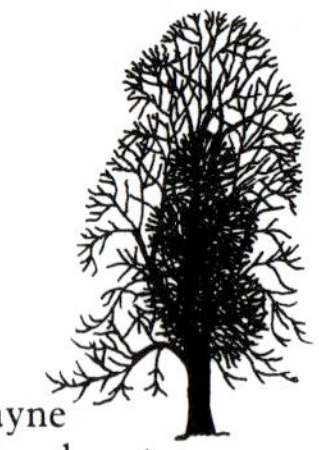

Tilleul de Hollande

Tilia × europaea L.,
synonyme de *T. × vulgaris* Hayne
Cet hybride, probablement naturel, entre *T. cordata* et *T. platyphyllos,* est planté dans le N.-E. de l'Europe comme ornement et pour son ombrage, plus couramment que l'un ou l'autre de ses parents. Il atteint 39 m. Les fl. odorantes (extrême gauche) s'ouvrent début juillet par grappes tombantes de 4-10. Les fr.(ci-contre), de 0,8 cm de long environ, sont pubescents. Les fll. (p. 41) sont vert vif et glabres à l'exception de quelques touffes de duvet pâle aux aisselles des nervures en dessous. Elles sont souvent couvertes d'une résine luisante ou d'une miellée exsudée par les pucerons qui s'amassent sur ces arbres que l'on reconnaît entre autres aux nombreux rejets serrés à la base du tronc. Les fll. des rejets peuvent être grandes et il ne faudrait pas confondre avec le tilleul à grandes feuilles.

Tilleul d'Oliver

Tilia oliveri Szysz.
Originaire de Chine centrale, il est parfois planté en Europe dans les jardins et les collections. Il atteint 24 m. Les fl. (extrême gauche) s'ouvrent début juillet, avec leurs grandes bractées claires de 10 cm environ. Les fr. (ci-contre), de 1,2 cm de diamètre environ, sont couverts d'un duvet doux. Les fll. (p. 41) sont vert mat et lisses dessus, argentées dessous. L'écorce est grise, lisse, à minces stries sombres et à marques cicatricielles triangulaires.

Tilia petiolaris DC.
Probablement originaire du Caucase, il est cultivé dans les jardins, les parcs et les villes et atteint 24 m environ. Les fl. fortement odorantes (extrême gauche) s'ouvrent fin juillet et ont un effet narcotique sur les abeilles. Le fr. légèrement sillonné, de 1,2 cm de long environ, est rarement fertile. Les fll. (p. 41) sont vert foncé dessus, blanches et duveteuses dessous sur de longs pétioles duveteux, insérés sur des rameaux pendants. L'écorce est gris foncé, étroitement sillonnée.

Tilleul à grandes feuilles

Tilia platyphyllos Scop.
Originaire d'Europe, du Caucase et d'Asie Mineure, il est planté en Europe dans les villes, les parcs... Il atteint 41 m. Les fl. (ci-contre) s'ouvrent fin juin, de 1,2 cm chacune. Les fr. sont duveteux, de 1,2 cm de long, à 3-5 côtes saillantes. Les fll. (p. 41) sont foncées dessus, plus pâle et généralement duveteuses dessous, surtout sur les nervures et le pétiole. L'écorce est gris foncé, à sillons ou craquelures étroits.

Tilleul argenté

Tilia tomentosa Moench.
Originaire du S.-E. de l'Europe et du S.-O. de l'Asie, il est planté dans les parcs et les jardins européens et atteint 24 m et plus. Les fl. fortement odorantes (extrême gauche) s'ouvrent fin juillet et ont des effets narcotiques sur les abeilles. Le fr. (ci-contre), de 0,6-1,2 cm de long, à 5 côtés, est pubescent. Les fll. (p. 41) sont foncées et ridées dessus, grises et pubescentes dessous et sur le pétiole. L'écorce des arbres adultes est gris foncé et sillonnée.

Muscadier de Californie

Torreya californica Torr.,
famille des Taxacées
A fll. persist., originaire de Californie, il est cultivé comme ornemental en Europe occidentale et atteint 21 m et plus à l'état sauvage. Les fl. mâles (ci-contre), de 0,8 cm de long environ, virent au jaune et libèrent leur pollen en juin. Les femelles, sur des sujets séparés, sont minuscules et vertes à la base des nouvelles pousses. Le fr. (extrême droite), de 3,7 cm de long environ, est vert luisant à rayures pourpres et contient une grosse graine brune (sur la photographie, il s'agit de spécimens conservés). Les fll. (p. 13) sont vert jaunâtre foncé dessus, à 2 bandes blanchâtres dessous, se terminant en une forte épine.

Torreya nucifera (L.) Sieb. & Zucc.,
muscadier du Japon
Originaire du Japon, atteint 9 m. Fl. mâles ovales, vert clair, de 0,2 cm environ ; fl. femelles vertes, minuscules. Fr. de 2,5 cm environ, semblable à celui de *T. californica*. Fll. (p. 13) vert foncé luisant à 2 bandes blanches dessous, à odeur de mandarine.

Tsuga, famille des Pinacées
Conifères à fll. persist., petites, plates et à petits cônes ligneux.

Pruche de l'Est, tsuga du Canada

Tsuga canadensis (L.) Carr.
Originaire du N.-E. des Etats-Unis et du Canada, il est cultivé dans le N. des Etats-Unis et en Europe occidentale dans les jardins et les collections, occasionnellement pour son bois de qualité toutefois médiocre. L'écorce interne a eu autrefois son importance dans le tannage du cuir. L'arbre atteint 30 m. Les fl. (extrême gauche) s'ouvrent en mai, les mâles de 0,3 cm de diamètre environ, jaune verdâtre, les femelles un peu plus grandes et verdâtres. Les cônes (ci-contre), de 1,2-2,5 cm de long, virent du vert au brun en octobre. Les fll. (p. 14) sont disposées en rangées de part et d'autre du rameau, plus une ramille appliquée sur la face supérieure ; on les reconnaît à la bande blanche qui les marque dessous.

Tsuga de Caroline

Tsuga caroliniana Engelm.
Originaire du S.-E. des Etats-Unis, il y est cultivé à l'occasion comme ornement dans le N. ainsi qu'en Europe occidentale. Il atteint 15 m environ. Les fl. (extrême gauche) sont ouvertes fin avril, les mâles cramoisi foncé, les femelles lilas pâle, toutes de 0,6 cm de long environ. Les cônes (ci-contre), de 2,5 cm de long, s'ouvrent à maturité. Les fll. (p. 14) pointent irrégulièrement sur et de chaque côté des rameaux, plus étroites que chez les autres *Tsuga*, à bande blanche dessous.

Tsuga de Chine

Tsuga chinensis (Franch.) Pritz.
Originaire de Chine centrale et occidentale, il est cultivé dans les collections. Plutôt arbustif, il peut mesurer 12 m. Les fl. (extrême gauche) s'ouvrent fin avril, les mâles jaunes teintées de pourpre, les femelles pourpre rosâtre foncé, toutes de 0,6 cm environ. Les cônes (ci-contre) atteignent 2,5 cm de long, virant de pourpré foncé à brun à maturité. Les fll. (p. 14) sont plus claires dessus, plus vertes dessous que chez *T. heterophylla*.

Tsuga diversifolia (Max.) Mast.
Originaire du Japon central et septentrional, il est cultivé dans les collections et certains jardins et atteint environ 24 m. Les fl. (extrême gauche) s'ouvrent en avril, les mâles cramoisi foncé, les femelles roses, de 0,3 cm environ. Les cônes (ci-contre), de 1,8 cm environ, virent du vert au brun à maturité. Les fll. (p. 14), vert foncé dessus, à 2 bandes très blanches dessous, échancrées à l'extrémité, forment un feuillage dense.

Pruche de l'Ouest

Tsuga heterophylla (Raf.) Sarg.
Originaire du N.-O. de l'Amérique du N., il est planté pour son bois solide en Europe occidentale et septentrionale et cultivé comme ornement de jardins et de propriétés. Il atteint 45 m, parfois plus, avec les rameaux des extrémités nettement tombants. Les fl. (extrême gauche) s'ouvrent fin avril ou mai, les mâles cramoisi foncé, les femelles pourpre rougeâtre, toutes de 0,3 cm de long environ. Les cônes (ci-contre), de 2,5 cm environ, sont vert bronze virant au brun à maturité. Les fll. (p. 14), sur 2 rangées, pointent vers l'extérieur et vers le haut. De longueurs variables, elles sont vert foncé dessus, à 2 bandes bleuâtres dessous, à extrémité arrondie, très aromatiques lorsqu'on les froisse.

Tsuga mertensiana (Bong.) Carr.
Originaire des montagnes de l'O. de l'Amérique du N., de l'Alaska à la Californie, son bois est de qualité médiocre mais il est parfois cultivé comme ornement de grands jardins dans l'E. et l'O. des Etats-Unis ainsi qu'en Europe centrale. Il atteint 21 m, beaucoup plus à l'état sauvage. Les fl. (extrême gauche) s'ouvrent fin avril, les mâles pourpre rosé foncé, de 0,3 cm environ, les femelles violet foncé (parfois vert jaune), légèrement plus longues. Les cônes (ci-contre) sont plus grands que chez les autres *Tsuga* — 5-7,5 cm. Ils virent du pourpre (ou vert) au brun au moment de s'ouvrir pour libérer les graines. Les fll. (p. 14) glauques sont disposées tout autour du rameau.

Tsuga sieboldii Carr.
Originaire du Japon méridional, il est cultivé dans les collections et quelques grands jardins et atteint 30 m environ. Les fl. (extrême gauche) s'ouvrent en avril, les mâles cramoisi foncé, de 0,2 cm environ, les femelles rose pâle ou pourpre, de 0,4 cm de long, inclinés. Les cônes (ci-contre), de 2,5 cm de long environ, virent du vert au brun à maturité. Les fll. (p. 14), assez larges, à extrémité échancrée, ont 2 bandes blanchâtres dessous. Elles sont disposées plus irrégulièrement que celles de *T. diversifolia*.

Ulmus, famille des Ulmacées, **orme**
Arbres à fll. cad., à fr. entourés d'une aile, à fll. alternes, simples, doublement dentées, dissymétriques à la base.

Ulmus americana L., **orme d'Amérique**
Originaire de l'E. de l'Amérique du N., il atteint 36 m. Fl. en mars sur des pédoncules de 1,2 cm de long. Fr. ovale, de 1,2 cm de long environ, échancré au sommet. Fll. (p. 33) rugueuses dessus, à touffes de duvet clair dessous aux aisselles des nervures.

Orme blanc, orme de montagne

Ulmus glabra Huds.
Originaire d'Europe et d'Asie occidentale, son bois est dur, résiste bien à l'eau et ne se fendille pas. Il est planté comme arbre d'ornement en Europe et dans le N.-E. de l'Amérique du N. et atteint 41 m. Les fl. (ci-contre) s'ouvrent début mars, en glomérules de 1 cm de long environ. Les fr. (extrême droite), de 2,5 cm de diamètre environ, à graine au centre, deviennent brun pâle et tombent en juillet. Les fll. (p. 34) sont rugueuses dessus, à poils souples dessous sur un pétiole très court presque caché d'un côté par la base recourbée. L'écorce est lisse, grise, devenant gris brunâtre, craquelée, sillonnée avec l'âge.

Ulmus glabra 'Camperdown'
Couramment planté dans les villes, les parcs et les jardins d'Europe ainsi qu'à l'occasion dans le N.-E. de l'Amérique du N., il atteint 12 m environ et se reconnaît à ses rameaux tortueux et sa forme de champignon. Fl. et fr. (ci-contre et extrême droite) sont similaires à ceux de *U. glabra* mais sur des rameaux pendant en zigzag. Les fll. sont plus grandes que chez *U. glabra* — jusqu'à 20 cm de long — et souvent dissymétriques.

Ulmus × *hollandica* Mill. 'Hollandica', synonyme de *U. major* Sm., **orme hollandais**
Fait partie d'un groupe d'hybrides entre *U. glabra* et *U. minor*. Il atteint 35 m environ. Les fl. s'ouvrent fin mars ; les fr. mesurent 1,8 cm de long environ, avec la graine touchant le bord de l'aile. Les fll. (p. 34) sont larges, vert foncé et rugueuses dessus, plus pâles dessous avec des poils rudes sur les nervures. Les jeunes pousses sont velues. L'écorce est gris foncé, s'écaillant.

Ulmus × *hollandica* 'Vegeta',
synonyme de *U. vegeta* Lindl.
Planté dans les rues, les parcs, les jardins, il atteint 35 m avec une couronne en forme de dome. Les fl. (ci-contre) s'ouvrent début avril ; les fr. (extrême droite) sont formés fin avril, de 1,8 cm de long environ, avec la graine au centre, généralement tachetés de rougeâtre ou de cramoisi. Les fll. (p. 34) sont plus longues et plus étroites que chez *U.* × *hollandica* 'Hollandica', à pétioles plus longs — 1,2-1,8 cm. Elles sont lisses et luisantes dessus, avec des touffes de duvet dessous aux aisselles. Les jeunes pousses sont vert vif, très légèrement velues. L'écorce est brune ou grise et fissurée.

Ulmus laevis Pall.
Originaire d'Europe centrale et d'Asie occidentale, il est cultivé dans les collections et atteint 20 m environ. Les fl. (ci-contre) s'ouvrent en mars sur des pédoncules très longs ce qui les fait frissonner au vent. Les fr. (extrême droite) sont formés vers mai, de 1,2 cm de long environ avec des poils blancs sur les bords. Les fll. (p. 34) sont très dissymétriques, à 2 ou 3 nervures supplémentaires à la base d'un côté. Elles sont légèrement pubescentes dessus, plus pâles et pubescentes dessous. L'écorce est grise ou brune, à larges crêtes et sillons profonds, souvent avec des bouquets de pousses.

Ulmus minor Mill., synonyme de *U. carpinifolia* G. Suckow
Originaire d'Europe, d'Afrique du N. et d'Asie du S.-O., il atteint 30 m avec des branches relevées formant une couronne en dôme. Les fl. (ci-contre) s'ouvrent en mars; les fr. (extrême droite) mesurent 1,8 cm de long environ avec une graine proche de l'extrémité échancrée. Les fll. (p. 34) sont variables mais toujours vert vif luisant dessus avec des touffes de duvet dessous aux aisselles, sur un pétiole pubescent. L'écorce brun grisâtre est fissurée. *U. minor var. cornubiensis* (Weston) Rehd. a une couronne vaguement conique, des fll. elliptiques vert luisant. Il atteint 35 m environ. *U. minor* var. *sarniensis* (Loud.) Rehd. a une couronne nettement conique, des fll. vert foncé. Il atteint 30 m environ.

Orme d'Angleterre, orme champêtre

Ulmus procera Salisb., syn. de *U. campestris* Mill.
Originaire d'Angleterre, il y était autrefois largement répandu dans les villes, les parcs et les haies, mais dévasté par la maladie de l'orme hollandais, il est aujourd'hui remplacé par d'autres espèces. Il est également planté dans le N.-E. des Etats-Unis. Son bois dur résiste bien à l'humidité et ne se fendille pas. L'arbre, qui atteint 30 m environ, rejette abondamment et se reproduit donc par lui-même. Les fl. (ci-contre) s'ouvrent fin février et début mars; les fr. (extrême droite) sont formés vers avril et mai, plus petits que chez *U. glabra,* à graine près de l'extrémité. Les fll. (p. 29) sont de formes variables, vert foncé et rugueuses dessus, à duvet pâle sur la nervure médiane dessous, sur un court pétiole duveteux. L'écorce (p. 220) est brun foncé, craquelée en plaques rectangulaires.

Orme subéreux, orme-liège

Ulmus thomasii Sarg.
Originaire du N.-E. de l'Amérique du N., il est parfois planté en Europe pour son ombrage, comme ornement et dans quelques collections. Son bois dur et solide était autrefois utilisé en Amérique du N. L'arbre atteint 30 m environ. Les fll. (ci-contre) s'ouvrent en mars en longues grappes sur des pédoncules de 1,2 cm environ. Les fr. (extrême droite), pubescents, de 1,2 cm de long environ, mûrissent en mai. Les fll. (p. 33) sont rugueuses et pubescentes dessous au début, devenant lisses, vert foncé et luisantes dessus, plus pâles et pubescentes dessous. Les rameaux ont souvent des ailes liégeuses bien que ce ne soit pas montré ici. L'écorce est gris brunâtre foncé, écailleuse et largement fissurée et sillonnée.

Laurier de Californie

Umbellularia californica (Hook. & Arn.) Nutt., famille des Lauracées
A fll. persist., originaire du littoral de Californie et d'Oregon, son bois de valeur était autrefois largement exploité et employé pour des aménagements d'intérieurs. En Europe, on le trouve dans quelques jardins et collections. Froissé, son feuillage est très aromatique; l'odeur est supposée provoquer de violents maux de tête. L'arbre atteint 24 m environ, parfois arbustif. Les fl. s'ouvrent (extrême gauche) en avril (en France), par 2-4 têtes de 10 fleurs, de 0,6 cm de diamètre chacune. Les fr. (ci-contre), de 2,5 cm de long environ, virent de verdâtre à rougeâtre à maturité en août et septembre. Les fll. (p. 32) sont lisses, uniformément vert pâle. Elles deviennent jaunes ou orange avant de tomber lors de leur seconde saison.

Clavalier à feuilles de frêne

Zanthoxylum americanum Mill., famille des Rutacées
A fll. cad., originaire de l'E. de l'Amérique du N., il est parfois planté dans les jardins d'Europe. Il paraîtrait que les Indiens d'Amérique mâchaient rameaux et fr. pour soulager leurs maux de dents. L'arbre atteint 8 m environ en tant qu'arbre mais est généralement arbustif. Les fl. (ci-contre) s'ouvrent en mai. Les fr. (extrême droite), de 0,6 cm de long environ, virent au noir à maturité en octobre. Les fll. (p. 55), comptent 5-11 folioles à petites dents arrondies. Les jeunes rameaux portent des épines trapues.

Zelkova, famille des Ulmacées
Petit groupe d'arbres à fll. cad., de la même famille que les ormes (Ulmus) mais à la différence de ceux-ci à fl. mâles et femelles séparées sur le même sujet, à fr. à noyau (drupe).

Orme de Sibérie

Zelkova carpinifolia (Pall.) K. Koch
Originaire des monts du Caucase, il est, en Europe, planté dans les parcs et les grands jardins. De forme caractéristique (voir ci-dessus), il atteint 35 m. Les fl. (extrême gauche) s'ouvrent en avril, les mâles en bouquets d'anthères de 0,6 cm de long, les femelles plus petites, axillaires, à l'extrémité des jeunes pousses. Les fr. (ci-contre), à 4 côtés, mesurent 0,6 cm de long environ. Les fll. (p. 29), à 6-12 paires de nervures, sont vert foncé souvent à poils rudes dessus, velues sur la nervure médiane dessous. L'écorce (p. 220) est lisse, se desquamant pour révéler une couche orange.

Zelkova serrata (Thunb.) Mak.
Originaire du Japon, il est parfois planté dans les parcs et les grands jardins d'Europe. Il atteint 20 m et plus. Les fl. (extrême gauche) s'ouvrent en fin avril ou mai, les mâles axillaires, à la base des jeunes pousses, de 0,4 cm de long environ, les femelles plus petites et vertes, vers l'extrémité des pousses. Le fr. vert mesure 0,3 cm environ. Les fll. (p. 29), à 8-12 paires de nervures, sont plus longuement pétiolées que chez *Z. carpinifolia.* Leurs dents sont plus pointues, elles deviennent jaunes, orange et rouges à l'automne. L'écorce est montrée ci-contre.

L'écorce est la couche externe du tronc d'un arbre. Elle sert de protection aux tissus nourriciers sous-jacents. Elle se forme à partir d'une couche de tissu appelée *cambium* qui produit des cellules liégeuses (suber). Parfois, la formation s'opère en plaques qui se chevauchent. Lorsque le tronc grossit, l'écorce se brise aux points de jointure, formant des crevasses comme chez le châtaignier *(Castanea sativa)* ou des plaques comme chez la plupart des pins *(Pinus)*. Chez d'autres arbres, l'écorce se renouvelle en permanence, s'exfoliant en minces bandes comme chez *Acer griseum* ou *Betula papyrifera*. L'écorce diffère donc selon les espèces, ce qui peut se révéler utile pour identifier un arbre. Les écorces varient également selon l'environnement ; dans les villes, par exemple, elle peut être noircie par les gaz d'échappement des voitures, dans les régions très humides se couvrir de mousse ou de lichen. De plus, l'écorce varie en fonction de l'âge du spécimen et il faut parfois une grande expérience pour identifier une espèce de façon certaine. Toutefois, certaines sont caractéristiques et facilement reconnaissables. Un certain nombre de photographies d'écorces figurent dans le texte mais nous avons choisi d'y ajouter une sélection d'écorces intéressantes parce que décoratives ou permettant l'identification de l'espèce.

Sapin de Céphalonie *Abies cephalonica* (p. 61)

Sapin de Nikko *Abies homolepis* (p. 62)

Acer capillipes (p. 66)

Acer griseum (p. 69)

Marronnier d'Inde *Aesculus hippocastanum* (p. 81)

Aune glutineux *Alnus glutinosa* (p. 83)

Araucaria du Chili *Araucaria araucana* (p. 85)

Betula coerulea-grandis (p. 88)

Bouleau pubescent *Betula pubescens* (p. 91)

Charme *Carpinus betulus* (p. 93)

Châtaignier *Castanea sativa* (p. 95)

Epine blanche *Crataegus monogyna* (p. 108)

Drimys winteri (p. 113)

Eucalyptus de Gunn *Eucalyptus gunnii* (p. 114)

Arbre aux quarante écus *Ginkgo biloba* (p. 120)

Févier d'Amérique *Gleditsia triacanthos* (p. 121)

Houx commun *Ilex aquifolium* (p. 122)

Juglans ailantifolia (p. 125)

Noyer noir *Juglans nigra* (p. 125)

Mélèze d'Europe *Larix decidua* (p. 129)

Nothofagus obliqua (p. 142)

Parrotia persica (p. 144)

Epicéa de Sitka *Picea sitchensis* (p. 150)

Pinus attenuata (p. 153)

Pin Napoléon *Pinus bungeana* (p. 154)

Pin laricio de Corse
Pinus nigra var. *maritima* (p. 159)

Pin maritime *Pinus pinaster* (p. 160)

Pin pinier *Pinus pinea* (p. 160)

Pin sylvestre *Pinus sylvestris* (p. 162)

Platane commun *Platanus acerifolia* (p. 165)

Grisard *Populus canescens* (p. 167)

Abricotier de Mandchourie *Prunus maackii* (p. 172)

Poirier commun *Pyrus communis* (p. 179)

Chêne chevelu *Quercus cerris* (p. 181)

Chêne vert *Quercus ilex* (p. 183)

Chêne-liège *Quercus suber* (p. 190)

Faux acacia *Robinia pseudoacacia* (p. 192)

Séquoia toujours vert *Sequoia sempervirens* (p. 196)

Sorbier des oiseaux *Sorbus aucuparia* (p. 198)

Stewartia sinensis (p. 202)

Cyprès chauve *Taxodium distichum* (p. 203)

If commun *Taxus baccata* (p. 204)

Orme d'Angleterre *Ulmus procera* (p. 213)

Orme de Sibérie *Zelkova carpinifolia* (p. 215)

Index des noms communs

Note — Nous n'avons pas jugé utile de faire figurer un index des noms scientifiques dans la mesure où ceux-ci sont classés dans le texte par ordre alphabétique. Le nombre en caractère gras fait référence au texte détaillé concernant l'arbre.

Achevé d'imprimer
le 24 février 1992
par Mohndruck Gütersloh
pour Solar, Paris
N° d'éditeur 875
Imprime en R.F.A